新媒体视域下
高校育人环境构建与管理

何舒颖◎著

文化发展出版社
Cultural Development Press
·北京·

图书在版编目（CIP）数据

新媒体视域下高校育人环境构建与管理 / 何舒颖著 .
北京 ：文化发展出版社，2024. 8. -- ISBN 978-7-5142-4438-0

Ⅰ. G649.2

中国国家版本馆 CIP 数据核字第 20242WC671 号

新媒体视域下高校育人环境构建与管理

何舒颖　著

出 版 人：宋　娜

责任编辑：张宝平　　　　责任校对：侯　娜

责任印制：杨　骏　　　　封面设计：谢婉莹

出版发行：文化发展出版社（北京市翠微路 2 号 邮编：100036）

网　　址：www.wenhuafazhan.com

经　　销：全国新华书店

印　　刷：天津和萱印刷有限公司

开　　本：710mm × 1000mm　1/16

字　　数：215 千字

印　　张：10.75

版　　次：2025 年 1 月第 1 版

印　　次：2025 年 1 月第 1 次印刷

定　　价：72.00 元

I S B N：978-7-5142-4438-0

前　言

历史和现实证明，高校育人环境建设工作只有随着时代、实践和科学的发展不断创新，才能充满活力和富有成效。在当前，新媒体的发展对高校育人环境建设提出了新的要求。如何适应这种新要求，切实推进高校育人环境建设，是摆在人们面前的一个重要课题。

随着现代科技的飞速发展，新媒体逐渐成为社会舆论交锋的前沿阵地，新媒体正以其特有的传播方式影响社会生活的方方面面，并对社会政治、经济、文化等诸多领域产生广泛而深刻的影响。新媒体融合了人际传播和大众传播的优点，改变了高校育人环境的“原生态格局”。大学生在接触信息的同时，也受到传播者不同的世界观、道德观和价值观的影响，促成高校校园网络舆论的变化，极大影响着大学生身心健康发展。

网络时代，大学生的思想观念和行为方式都发生了深刻变化。大学生是网络思想政治教育中的教育对象，更是网络信息时代最活跃的主体，大学生想通过开放的网络找到属于自己的天地。同时，承担着高校育人工作的思想政治教育者在网络教育中占据着话语优势。双方都在寻求和谐的沟通方式，试图达成主体间信息交流的平衡。但双方在沟通过程中又存在失范、失语等令人担忧的情况，这使得高校思想政治教育陷入来自大学生与教育者的双重困境。

高校是人才培养的摇篮，育人工作的成效直接关系到国家的希望和民族的未来，所以高校的育人工作不能不引起思想政治教育者的高度关注。但高校育人环境的构建是一项复杂和系统的实践活动，其过程的开展和最终效果受到诸多因素的影响和制约。只有依据科学理论，针对问题层层剖析，找出关键“症结”所在，通过规划路径和制定对策，整合社会、学校等力量，形成新媒体环境下的合力机制，才能实现高校育人效用的最优化。

本书共五章。第一章为新媒体概论，介绍了新媒体的基本内容；第二章分析了高校育人环境的构建，说明了高校育人环境的特点、建设的重要性等；第三章从新媒体视域下的高校育人机制环境面临的挑战与机遇、高校育人工作机制与规律分析、高校育人体系建构、高校合力育人机制环境的构建四个方面对新媒体视域下高校育人机制环境的构建进行了阐述；第四章为新媒体视域下高校校园文化环境构建，分别介绍了新媒体对高校校园文化繁荣的推动作用、新媒体环境下高校校园文化建设创新、微信公众平台在高校校园文化建设中的应用；第五章为新媒体视域下高校道德教育环境构建，从新媒体环境下高校道德教育存在的问题及其成因、高校道德教育环境的优化、高校道德教育模式的创新、高校道德教育方法和形式的创新四个方面进行了分析。

在撰写本书的过程中，作者参考了大量的学术文献，得到了许多专家学者的帮助，在此表示真诚感谢。本书内容系统全面，论述条理清晰、深入浅出，但由于作者水平有限，书中难免有疏漏之处，希望广大同行及时指正。

何舒颖

2024 年 1 月

目 录

第一章　新媒体概论

所谓新媒体，是伴随着科技进步而发展起来的一系列“新”的媒体的统称。“新媒体”不仅是一个时间性、物质性概念，还是一个技术性概念。本章从新媒体的基本认识、新媒体的发展及影响、新媒体与传统媒体的比较、新媒体时代的内涵与特征四个方面对新媒体进行简要概述。

第一节　新媒体的基本认识

新媒体这个概念最早出现于20世纪60年代。美国哥伦比亚广播公司（CBS）广播电视网技术研究所所长P. 戈尔德马克（P. Goldmark）在1967年发表的一份有关开发电子录像的商品计划中首次提出了“新媒体”的概念，用来指代各类新型媒介形式，包括以电波与图像传输技术为基础的和传统印刷媒介不一样的广播、电影、电视等。[①] 从此以后，“新媒体”的概念正式产生，且从美国流行到全世界。

虽然人们在常识上对新媒体并不陌生，但对新媒体的内涵以及外延却知之甚少，而要想了解新媒体的概念，就必须从这两个方面出发。所以，我们有必要正本溯源，探究新媒体概念的历史流变和现代存在形态，分析新媒体的特质特征，明晰新媒体的传播学特色，以因势利导，取其精华，去其糟粕，放大新媒体的正向功能，取得良好的社会效益。

一、新媒体的定义

“新媒体”这一概念第一次使用是在联合国新闻委员会1998年5月举办的

① 蒋宏，徐剑. 新媒体导论[M]. 上海：上海交通大学出版社，2006.

年会上，那时此概念是指有“第四媒体”之称的互联网，也就是电视、报刊、广播三大传统媒介之外的第四种主要大众传播媒体。联合国教科文组织于20世纪末把新媒体定义为网络媒体，不过新媒体的定义伴随科技的发展和时间的推移实现了进一步的延伸与扩展。新媒体由于具有了时代和技术的特征由此形成了相对应的指称，而不再单一地指某一种固定的媒体。

新媒体是一种在以新技术支撑为基础的体系中形成的媒体形态，包括网络社区、移动电视、电子杂志等，相较于广播、报刊、电视、户外广告四大传统层面上的媒体，新媒体被视作“第五媒体”。

与电视、广播等传统媒体的定义相比，“新媒体”的定义发生了很大的变化，这是部分媒介机构和国外研究学者的观点。从根本上来说，新媒体已发展成为一种实现了“所有人对所有人传播”的信息流，是一组数字信息，或是一种融入了大众传播和人际传播特征的信息呈现方式，而不可能再单指某一种特殊意义上的媒体形式，这是锡拉丘兹大学新媒体教授凡·克劳思贝（Vin Crosbie）、美国的新媒体艺术家列维·曼诺维奇（Lev Manovich）和美国新科技刊物《连线》杂志共同的观点。

关于新媒体的概念，研究者从不同角度进行了阐释：

“所谓新媒体，或称数字媒体、网络媒体，是建立在计算机信息处理技术和互联网基础之上，发挥传播功能的媒介总和。它除具有报纸、电视、电台等传统媒体的功能外，还具有交互、即时、延展和融合的新特征。”[①] 这是清华大学新闻与传播学院教授熊澄宇、廖毅文的观点。

“新媒体是相对于传统媒体而言的媒体及各种应用形式，目前主要有互联网媒体、掌上媒体、数字互动媒体、车载移动媒体、户外媒体及新媒体艺术等，微信和微博等新兴媒体在传播、社交、沟通等方面，都充分体现出新媒体的这些特征。”这是上海戏剧学院的学者陈永东的观点。

在中国传媒大学宫承波教授看来，新媒体首先是一个具有时间特性的定义。如电视、广播相较于印刷媒体是“新媒体”，但相较于网络媒体来说是“旧媒体”。在媒介发展历程中，每次媒介技术的改革都会产生所谓的“新媒体”，尤其是在技术快速迭代、知识爆炸的今天，各类新媒体持续涌现，新媒体的外延更是在持续地拓展。其次，“新媒体”是一个技术层面的概念。目前新媒体是指各种各样

① 熊澄宇，廖毅文. 新媒体：伊拉克战争中的达摩克利斯之剑[J]. 中国记者，2003（5）：52–53.

的以互联网技术、数字技术、移动通信技术等新兴科技为基础而形成的新的手段或工具。在传播学层面，新型媒体和新兴媒体共同构成了新媒体。以手机媒体、网络媒体和（互动性）电视媒体为代表的新兴媒体是新媒体的典型形态。新媒体注重互动与体验，以全新的传播技术为基础，以改变传播形态为核心目标，内容生产越来越呈现个性化与分散化的特征。楼宇电视、户外新媒体和车载移动电视等共同构成了新型媒体，它是以传统媒体为前提应用新技术发展形成的，它的传播形态并没有产生本质的变化，不过信息质量得到了提升，传播范围更加广泛，到达了以前覆盖不到的区域。

“20 世纪后期，在世界科学技术发生巨大进步的背景下，在社会信息传播领域出现的建立在数字技术基础上的能使传播信息大大扩展、传播速度大大加快、传播方式大大丰富的、与传统媒体迥然相异的新型媒体。其外延则包括了光纤电缆通信网、都市双向传播有线电视网、图文电视、电子计算机通信网、大型电脑数据库通信系统、通信卫星和卫星直播电视系统、高清晰度电视、互联网、手机短信和多媒体信息的互动平台、多媒体技术以及利用数字技术播放的广播网等。”[①] 此概念从数字技术的发展与传播手段的进步着手，包括了目前有关新媒体表述的各个方面，不过也有其制约性。

今天我们所说的新媒体通常是指在计算机信息处理技术基础之上出现和发展的媒体形态。在对新媒体概念的诠释过程中，新媒体被解读为建立在数字技术和网络技术基础上的媒体形式的延伸，其“新”体现在技术创新和传播方式创新上，如基于新技术的应用出现的网络电视、电子报纸，是传统媒体电视、报纸的新媒体化，是新旧媒体不断整合和发展的产物。

媒介形态的发展使新媒体具有狭义和广义的界定。在狭义层面上，新媒体只是指不同于传统媒体的新型媒体，主要涵盖被称作第五媒体的移动网络（以手机等移动通信工具为终端，基于移动通信技术的移动互联网服务以及电信网络增值服务等的传播媒介形式）和第四媒体的互联网（以电脑为终端的计算机信息网络），这两种新媒体又能够被共同称作网络媒体。在广义层面上，作为以移动通信、互联网等新电子信息技术为基础而流行的媒介形式，新媒体涵盖了更广泛的媒体形态和技术应用，既包括新兴媒体，又包括传统媒体运用新技术以及与新媒体相融合而产生或发展出来的一些新媒体形式，如数字报、电子书等均属于新媒体。

以信息网络技术为基础的搜索引擎、手机媒介等新媒体通信方式组成了现实

① 蒋宏，徐剑. 新媒体导论[M]. 上海：上海交通大学出版社，2006.

中的新媒体产业，具有广泛的经济价值和社会影响力，在界定新媒体概念时，除了从传统的传播学，计算机科学视角出发界定其传播特征和技术效应外，也要考虑到在新的传播生态环境下对个体意识形态、价值认知产生的新影响。

有关新媒体的定义，研究者从各角度进行了阐释，此概念的延伸与内涵仍在不断地完善。总体来说，关于新媒体人们共同认可的观点为，新媒体是一种利用无线通信和计算机网络进行传播的新型媒体形式，只有在移动通信技术、数字技术、网络技术具备的条件下，才能够建立以数字设备为终端的新媒体，其具有超媒体性、高交互性、消解性等特点，这种媒体意识形态的传播形式和舆论聚集效应对社会变革具有直接影响。

二、新媒体特征

新媒体的特征可以概括为超媒体性、高交互性、虚拟性、消解性、个性化。相比较传统的广播、电视、报纸等媒介传播载体而言，新媒体的出现使大众传播产生质的改变，其信息传播不再局限于单一的传播载体。

（一）超媒体性

伴随新媒体的发展，在利用新媒体媒介实现组织与管理的同时，视频、文本等传统媒介传播方式被广泛地进行了整合，在新媒体领域中之所以能够产生综合视频、音频、文字等各类媒介元素的超级媒体，是因为随着包括音像、广播等数字化的发展，各类媒介形式实现了深入的融合，进而实现了媒体信息跨平台共享、资源跨行业配置和传播影响力的全面渗透，如微信的发展不但展现了整合电视、广告等各类媒体的超媒体发展特点，而且凸显了传播媒介的特征。对新媒体的超媒体特征应从两个方面解读：一是基于计算机科学的新媒体技术整合发展推动了超级媒体的出现；二是超级媒体推动传播模式的改变，使大众信息传播进入复合传播时期，所谓的复合传播指的是通过两种以上媒介构成的对公众产生交互影响的重复传播，一般指的是跨媒体传播。

（二）高交互性

传统媒体的交互性弱，相对于受众，媒体地位更强大，而受众的反馈往往较为无力。广播和报纸一般停留在热线电话、编读书信往来阶段，虽也借助了电子版本，但多属辅助手段；广播电视一般都是单向传播的，互动性差，在漫长的时间里各种信息持续不断地向接收者散播，受众在这种洪水般的信息流面前无法终止也无法选择，更无法及时反馈自己的感受和意见。而网络电视、智能手机之所以能够问世且大行其道，主要是因为它们弥补了广播、报纸、电视固有的弊端，极大增强了双方的互动性，受众不但可以收听、收看各种信息内容，而且能够随时表达自己的观点，受众不再轻易受媒体摆布，而是可以通过同媒体以及其他受众的互动发出更多的声音，影响信息传播者。

（三）虚拟性

虚拟性是新媒体的主要特点。不同于现实的社会行为，新媒体自身是以数字技术为基础而产生的，新媒体的信息交流和传播是利用信息载体的虚拟性和数字化实现的。这里的虚拟性，有三种情况：信息本身的虚拟性、传播关系的虚拟性和空间的虚拟性。

1．信息本身的虚拟性

新媒体技术创造出了许多虚拟的环境，并由此建立了一种全新的时空概念。每一个应用新媒体的个体均是这个虚拟世界中的成员，他们通过新媒体实现相互间的沟通与交流。新媒体信息技术使得虚拟世界与真实世界的融合度越来越高，人们的认知方式也发生了相应的变化。

2．传播关系的虚拟性

在新媒体中，信息传播的方式是利用数字符号进行传播，在新媒体互动的全过程中，人们均是通过虚拟符号进行交往与沟通的，而个人的职业、性别、年龄等基本特征均被隐藏了，例如在聊天工具、各大论坛或微博等新媒体软件中，人们习惯应用一个虚拟身份进行互动，身份的不确定性增添了许多神秘色彩。

3．空间的虚拟性

虚拟社区、网上商店、虚拟社团均属于虚拟空间，每个成员利用新媒体均能够在此虚拟空间中开展娱乐、学习、交友等活动。为实现超越现实的目标，人们陶醉于虚拟空间中，同时利用一定的方式实现了实时互动。虚拟现实技术的发明与运用拓展了人们的生存空间，让人们既存在于现实的物理世界中，又存在于数字化、符号化的虚拟世界中。

（四）消解性

相较于传统媒体，新媒体减少了包括报纸、电视、通信、广播等传统媒体间的差异，缩短了国家间、群体间、产业间的距离，让信息发送者与接收者间的联系更加紧密。中国成为国际互联网组织中的一员后，虚拟世界中的大学生能够自由地学习大量的知识与信息，同时传播与创造信息。新媒体极大地解除了空间与时间的束缚，加快了信息互动传播的速度。对热衷创新与自我意识强烈的大学生来说，新媒体被视作他们获得知识与信息最佳的渠道与方式。

新媒体的消解特征主要体现在对社会文化的消解和重构，新媒体的出现带来媒介生态结构的改变，进而会引起人类社会生活和社会结构的变化，新媒体逐渐形成的特点中，蕴含鲜明的后现代性，同时这种后现代性对文化起到一定消解作用。

微博、微信的“微传播”方式使文本被拆解、嫁接，完整的文本意义可以被反复加工和重新解读，这使得新媒体文本传递的本意被谣言消解，媒体如未能客观再现事实本身，将不仅造成事实本身和再现事件的裂变，还会加重其负面影响。

新媒体在给青少年道德发展带来巨大机遇的同时，也给思想道德教育带来了全新的挑战，成为当前青少年德育中一个不可回避的现实问题，青少年的意识形态建构和道德成长在新媒体的冲击下面临消解及重构的新情境。

在新媒体时期，多对多的传播形式代替了一对多的传播形式，所有人既是信息的加工者，又是信息的传播者，每个人依据自己的爱好与特点对信息进行加工与取舍，虽然社会文化被消解重构了，但是个性化的需求却得到了发展。

（五）个性化

每个人都是一个独立的个体，人本身就是一种渴望自由，追求个性化的生物，每个人都会有表达自己的渴望，因此当人们面对一个新闻以及一个现象的时候，不会愿意完全摈弃自身的想法而去全盘接受他人的思想。

以 Web2.0 为基础的信息技术平台，赋予了每个信息参与者一个终端，如手机号、网络协议地址等，传播者能够很容易地对信息进行种类划分，同时把相应信息发送到每个地址中去，受众也能够利用新媒体（包括各种搜索引擎）进行信息的检索与定制。如此，所有新媒体用户均能够发布与接收完全个性化的信息，信息传播者针对不同的受众也可以提供个性化的服务，而且在传播形式上，它具有很强的直观性、形象性和娱乐性。

第二节　新媒体的发展及影响

一、新媒体的发展

站在世界的角度来看，新媒体的产生与发展是一种必然趋势。近几年，新媒体在我国得到了快速发展，随着经济全球化的发展与信息技术的持续进步，我国新媒体要想获得更好的发展，就必须明确在哪些方面应该实现创新。

（一）我国新媒体的发展现状

1. 依托的技术成熟完善

显而易见，新媒体是以信息技术为基础而不断发展的，近些年我国信息技术发展迅速，因此，在技术方面，我国新媒体是相对成熟与完善的。在某些领域，如通信方面，我国的技术基本达到了国际水平，有些技术甚至超越了国外发达国家的水平。技术方面的日益成熟与完善被视作我国新媒体迅速发展的前提。

2. 新媒体消费人数增长迅速

人们的生活质量伴随我国社会经济的持续发展而越来越高，我国的互联网技术发展迅速，因此我国懂得利用宽带或手机应用网络的人不断增多，且增速令人惊讶。目前越来越多的人把在网上查找信息、浏览新闻等作为日常习惯，这体现了新媒体已被人们广泛接受。

3. 传播形式的变化

新媒体的产生，让传播的形式发生了极大的变化，如我们熟知的博客、微博等，均是随着新媒体的发展而出现的传播形式，这些形式也让人和人之间的交流与沟通变得更有效与及时。

4. 政府对新媒体的重视

我国政府十分注重新媒体的发展，为积极推动电视、广播等新媒体平台的建设，政府正在努力打造新媒体发展的关键平台。我国新媒体在政府的大力扶持下一定会获得更好的发展。

5. 我国新媒体面临诸多挑战

我们应一分为二地分析问题，对于我国新媒体的发展也是如此。尽管我国新媒体的发展速度很快，但在此过程中也面临着许多挑战。

（1）目前我国使用网络的青少年不断增多，然而新媒体传播的一些内容具有不良信息。

（2）新媒体涉及知识版权、个人隐私等问题，很可能被某些别有用心的人用来进行犯罪、欺诈等不法活动。

（3）面对新媒体传播的大量信息，人们通常会感到很迷茫、无所适从，因为不懂得如何有效挑选信息而浪费了许多宝贵的时间。同时人们如果养成了利用网络获得知识的习惯，就会形成一种惰性心理，通常表现为被动地思考问题，此问题应引起人们的重视。

（二）我国新媒体的发展趋势

1. 出现更多新的载体

在生活中，我们常常能够见到包括公交车上的移动屏幕、电梯里的小型电视屏幕等新媒体的部分载体，这些载体是随着新媒体的快速发展而出现的。根据新媒体的发展速度可知，将来新媒体会被应用到与人们生活相关的更多方面。

2. 与传统媒体的有机结合

尽管很多人预测传统媒体会因新媒体的快速发展而被淘汰，不过这类看法是片面的，仅强调了新媒体的发展，而忽略了传统媒体的发展。将来传统媒体与新媒体会实现有机融合，相互取长补短，共同为人们更好地传播信息。如我们熟知的《人民日报》虽然已在人民网上发布了网络版，但是它的纸质版仍旧会有许多人买。

3. 营销价值的增强

目前许多公关公司与广告公司均十分注重新媒体的营销作用，同时为建立与健全属于公司的新媒体平台，他们均投入了许多资金。在广告宣传方面，许多品牌企业也越来越注重对新媒体的资金投放，如我们熟知的宝洁、三星等著名品牌都慢慢减少了电视广告的投放，而把越来越多的资金投入了手机新媒体、互联网等领域。因此，在产品营销方面，新媒体的作用也在不断提高。

二、新媒体对社会经济的影响

企业作为社会经济组织的细胞之一，极大地受到了新媒体的影响。新媒体对企业的影响表现为新媒体成为企业公关及营销的利器。

（一）新媒体与企业营销完美结合

在新媒体积累了充足的人气与用户后，部分具备创新意识的企业开始运用不同类型的新媒体渠道开展营销方面的宣传与推广活动，同时在营销方面这些新媒体也展现出了比传统媒体更强的传播优势。新媒体的产生让整个世界信息的交流沟通和传播方式产生了革命性的变化，新媒体的应用在日常生活与商务活动中起着至关重要的作用，而运用网络成功建立品牌同时获得赢利的例子也数不胜数。

腾讯的置入式营销指的是为让用户在应用这些产品的过程中自然地熟悉品牌，而把客户的产品广告制作成游戏中的道具、QQ 秀、虚拟的场景等。只有做到润物无声，让用户自然地增强对产品品牌的好感与印象，以品牌定位为核心，实现植入方与被植入方的匹配，才能被称作成功的置入式营销。置入式营销既极大地提高了广告商的品牌知名度，又让他们的品牌与产品形象更深入地影响了目标用户群，提升了产品与企业的美誉度。

网络杂志营销越来越成熟。网络杂志在经历了许多年起起伏伏的发展后，不管是在技术方面还是在表现形式方面均越来越成熟，均引起了很多企业的注意，最终发展为近些年产生的焦点媒体之一。以唯客（VIKA）网络杂志平台为例，他们发行的上百种网络杂志，靠着全新的阅读感受、精彩的内容、准确及时的杂志派发、多媒体的表现形式，在一年中吸引了 700 多万的用户，如今用户人数还在持续增长之中。如此高的人气指数和巨大的用户量，让网络杂志成了企业重视的新的营销途径。为全面推广产品、自身与客户品牌等，他们会与网络杂志平台开展合作。同时，不同网络杂志平台也凭此为不同企业提供了独特的营销推广服务。

数字多媒体开发。为达到宣传推广新产品的效果，企业应拍摄企业广告片，这些广告片应用范围极广：可以在经销商推介会和新产品的发布会上使用，同时在发布会上进行产品演示；作为经销商对外拓展业务与宣传的资料；还能够在专卖店中进行循环播放，以打造良好的品牌空间；用于展览会与交易会的播放，用极具冲击力的视听效果引起参会者的关注；作为产品操作的多媒体演示，引领客户正确安装与使用；能够作为企业内部人员的培训资料，也能够被市场推广专员当作发掘新客户时的展示资料等。

微信公众平台营销。微信公众平台，又称公众号，主要面向公众人物、政府、媒体、企业等推出合作推广业务。微信公众平台可以通过微信渠道将品牌推广给上亿的微信用户，降低宣传成本，提高品牌知名度，打造更具影响力的品牌形象。

企业可以通过微信公众号的自动回复功能进行营销。首先，可以通过设置用户来访自动显示访客昵称，给用户带来量身定制的感觉，增强用户的归属感；其次，可以设置提问功能，加强互动；最后，可以进行提示关键词进行回复互动，方便获取目标客户群体，树立品牌形象。

微博营销。利用微博进行企业营销主要有微博矩阵营销和热门话题营销两种方法。微博矩阵营销可以采取 1+N 矩阵的方式，这一方式是指在 1 个企业官方微博或品牌账号之下，设置 1 个母品牌产品线作为主导，再开设 N 个专项产品微博账号，以构成企业微博的完整宣传体系。这种组合模式能够强化企业产品卖点，有利于企业旗下系列产品在消费者心中形成各自鲜明的产品特色，可以帮助各产品准确定位目标受众。热门话题营销是指利用公众媒体的力量以及消费者的口碑，将企业的产品或服务打造成消费者讨论的热门话题，从而达到营销的效果，主要分为制造话题、提高话题参与度、借力微博大号参与话题讨论增加品牌影响力三部分。

短视频营销。短视频营销的主流模式有传统广告模式、短视频交互活动模式、内容营销模式、“短视频 +”平台模式。传统广告模式适用于绝大部分初步接触短视频的行业，主要包括信息流广告、植入广告及单条定制商业视频广告等。短视频交互活动模式指的是，企业可以举办一些线下的活动，并拍摄活动视频，然后剪辑成短视频发布到相关平台上，开展交互活动。通过线下线上的转化，可以实现产品优化，增强用户体验，提高用户的平台忠诚度。内容营销模式是指，企业通常有自己的短视频账号，可以选择自营内容全渠道分发。“短视频 +”平台模式也是近几年大热的营销模式，通过嵌入其他平台，增强企业营销的辐射范围。如钉钉作为办公平台借助短视频的招聘功能开发，向招聘领域进行战略扩张。

（二）新媒体为企业品牌营销提供舞台

消费者的媒体使用习惯随着受众划分越来越细致、各类媒体数量不断增多，而产生了本质上的转变。获取信息的方式越来越多，消费者慢慢转移了对传统大众媒体的依赖，特别是年轻群体范畴中的新媒体用户，他们更热衷投身于便利的新兴媒体中。相较于传统的信息沟通渠道，新媒体的递进式、互动性特征与当代人的消费与生活观念更加趋同。

1. 新媒体使企业营销从单向传播变为双向传播

新媒体让企业能够使用企业信息、新闻信息和广告信息，不过无法自由地对用户灌输，企业也不能把筛选后的大量信息再“硬塞”给受众。这是因为作为“网民”的用户能够自由地在网上接收不同种类的信息，不但能够自己制作与个人相关的新闻和有针对性的广告上传到网上，而且能够根据自己的喜好对某些信息进行修改、搁置，提出反馈意见。所以，媒体由可控转变为了不可控。

2. 新媒体的普通民众性和互动性扩大了对产品品牌的宣传

每个品牌迷均能利用新媒体变成一个产品品牌的宣传者，能够利用网络宣传品牌的优点，同时影响其他消费者。聘用“大众代言人”（如受资助的体育、文艺工作者或其他知名人物），并借助其自媒体平台进行产品宣传，进而与用户互动，是目前许多企业喜爱的方式，这类变化让原本纵向观念的引导过程发展成了横向观念的传播过程，由此不但在整个传播过程中产生了乘数效应，而且提高了品牌的可信度，能为品牌带来更多的商誉。

3. 新媒体开创了全球商务电子化

现代信息科技尤其是新媒体的迅速发展，让卖方市场转变为买方市场的同时，更将全球商业推进了“电子商务”时代，转变了人们的生活、生产方式，最大程度改善了商业运营环境。目前，电子商务发展成互联网应用过程中最核心的部分，它的交易额会获得成倍增长。因此从信息时代这一角度来看，新媒体对企业品牌塑造与推广和市场营销具有越来越重要的影响。

很明显，新媒体正在逐渐发展为服务营销与企业产品的新利器。新媒体在各个方面的应用正在不断瓜分传统媒体广告中的利益，包括播客、手机短信，还有楼宇电视和轮船、列车等交通工具中的移动电视等。新媒体的优势不但体现在广告市场份额占有方面，还体现在其为企业营销时所具有的个性化、互动性、平等交流沟通、及时反馈的吸引力或魅力方面，这些特点更可以牢牢吸引客户或消费者的注意力。事实上，很多具有前瞻性的企业，正在利用新媒体创造新的巨大商机，很多企业构建了企业网站，一方面用来与消费者和员工保持紧密联系，获得有关产品、管理等方面的信息反馈，另一方面用来公开发布企业中大部分消费者或客户和职工关心的信息。新媒体对企业价值观的传播，对增加理解、消除误解，同样具有至关重要的意义。

三、新媒体对内容生产方式的影响

全民 DIY（自己动手制作）是新媒体的一种全新的内容生产方式，是对传统媒体内容生产方式的颠覆。新媒体要发展要成长，什么才是新媒体的核心竞争力？全民 DIY 成为新媒体的制胜之路。

（一）全民 DIY 的时代背景

DIY 是“Do it yourself”的英文缩写，最开始兴起于电脑的拼装，慢慢发展为一种受欢迎的生活方式。简而言之，DIY 指的是没有专业的制约，根据自己的想法自己动手做，所有人均能应用 DIY 做出符合个人喜好的“产品”来。不过基于网络的 DIY 内容制作，其实就是全民出版、全民传播，它是一种全新的内容生产与消费的生产理念与消费模式。[①]

作为大众文化崛起时代的产物，DIY 同样是利用新兴网络实现的一种内容生产方式。此类内容生产方式只属于网络媒体，新媒体的出现让它得以发扬光大。从本质上来讲，大众文化被视作与市场经济发展、现代工业社会生产相匹配的一种市民文化。一方面，它以娱乐性、商业性、普通民众性和流行性为最本质的特征，与传统农业经济社会中的各类通俗文化、民间文化在原则上存在不同；另一方面，它又与同一时期的学界精英文化、主流文化相区别和对应。大众文化流行的全民 DIY 时代，必须注重大众心理与流行，全民 DIY 以包容和鼓励不同个性共存的普通民众传播为目标，而非追求唯一性，既能很好地融入精英文化，又能很好地促进目前社会大众彼此间情感、思想沟通理解的实现。

（二）全民 DIY 对内容生产方式的颠覆

1. 传播主体大众化

新媒体的产生代表着在大众传播时代中文化与传播精英对传播主体的把控实现了全面的突破，每一个人均能作为传播的主体进行 DIY 设计。在大众传播时代，以传播者的视角来看，文化与传媒精英掌控着传播的主导权。尽管在进行传播时，传播的内容越来越偏重于受众的需求，不过这种传播还应对受众的需求进行严格把关。大众传播被视作传播者与接收者间博弈产生的结果，而受众在这一过程中一直处于被动地位。换句话说，大众传播在本质上就是一种针对大众的传播方式。所有网络用户均能够在网络平台上通过发布言论、信息等进行沟通。

网络平台对每一个网民均是开放的，因此当这些网民发表的内容具有推广价值时，这些内容会获得广泛传播，进而产生固定的读者群。尽管不是每一个媒体均能实现有影响力的媒体形态的传播，但在很多个性化的内容中，一定会产生大量广泛吸引公众的播客或博客，他们完全凭借个性化的方式实现有效传播。

---

① 喻国明. 解读新媒体的几个关键词[J]. 广告大观（媒介版），2006（5）：12-15.

2. 传播内容多元化

因为个人能够作为传播的主体，所以新媒体传播的内容所涵盖的对各种问题探讨的深度、对生活展现的广度与传播形式的多样性均是空前的。事实上，新媒体全方位展现了人类目前的全部文化形态。新媒体内容传播多元化的另一个方面是新媒体为始终被文化与传播精英压制的平民文化提供了释放的空间。换句话说，在新媒体的传播过程中，普通民众的声音首次得到了全面的展现。在新媒体传播过程中文化或传播精英发挥着重要作用，不过与此同时，普通民众的文化意识在新媒体平台中形成且产生合力，与精英文化相抗衡，甚至在某些时候会对精英文化造成压制。这类文化的竞争让新媒体的传播内容具有很强的多元性，不过整体文化的气质在传播扩散的过程中发生着彻底的改变，同时在矛盾与交融的过程中形成了一种数字时代的全新文化。如“春节一日”能够收集、描绘与展示每个中国人春节一日的情感状态、生活状态、思维状态，这是任何一种传统媒体都无法实现的；再如，以某一影视剧的创作为例，一部优秀的剧作能够以不同于传统的创作方式来完成，如利用一个具备想象力和容纳空间的“引子”，激发很多“能人”的创作热情，再根据网民支持度的高低确定内容的取舍（可以用2～3个情节线索保持竞争力），进一步进行续写，由此完成作品。新闻报道也能够通过这种方式来完成。针对把关问题如何解决？真实性怎样保障？一些人的观点是重点开放传播渠道，“无影灯效应”的作用就会得到体现，假信息就能在许多资讯提供者的见证下现出原形。①

3. 打造核心竞争力

核心竞争力指的是别人无法偷学的、拿不走的、独属于自己的产业竞争能力。核心竞争力主要有两个方面的含义：一方面指的是在同一类型的媒体中，不同媒体间、独属于某一个媒体的“个体”性质的核心竞争力；另一方面指的是不同类型的媒体间、独属于某一类媒体的“类属”性质的核心竞争力。我们在此讨论的就是“类属”性质的核心竞争力。这种核心竞争力一定是以某类媒体的技术可能性为前提的。更准确地说，就是媒体自身所属媒体的技术可能性应用越充分，此媒体的核心竞争力就越强，其他媒体给自己带来的竞争压力就越小。反之，倘若直接应用其他媒体所特有的核心竞争力，那么迟早会面临生存的危机。这也是目前网络新媒体所面临的危机。

网络媒体的第一代盈利模式以搜狐、新浪等门户网站为代表。虽然它运用了

① 喻国明. 解读新媒体的几个关键词[J]. 广告大观（媒介版），2006（5）：12-15.

网络的超链接、海量存储、多媒体表达等属于网络媒体的专属技术，但在内容的来源方面却十分依赖于传统媒体，海量内容的获得是以传统媒体内容为基础的，只要传统媒体开始争取权利，就可以要求网络按照著作权的要求进行统一付费，那时此种盈利模式就不再适用了。

网络的第二代盈利模式指的是以百度和谷歌为典型的盈利模式。这一盈利模式既运用了网络的智能化搜索技术，又运用了门户网站的技术特性，不但很好地解决了门户网站对传统媒体内容的侵权问题，而且在内容的呈现方面不再采用传统媒体式的“把关”方式，实现了以智能化为基础的内容生产的“自动化”。相较于门户网站，这种“竞价排名”的盈利方式是独特的，它在网络技术应用的可能性方面比门户网站更加先进。不过内容原创性不足仍然是第二代盈利模式所面临的最显著的问题，缺少自己原创内容的生产方式一定是被动的。但问题是，如何实现网络媒体的内容创新？单纯地遵循传统媒体的生产方式很明显是不行的，因为这类生产方式没有应用网络技术的特点。

根据网络的技术特征进行的内容生产应该是什么样子？维基百科给了我们一个深刻的启示。相较于传统的百科全书，维基百科是一种独特的“百科全书”。在维基百科中，每个人都能够根据自己的理解对某个词条进行定义，给出个人的阐释。各种阐释的先后顺序是根据阐释是否能够得到人们的认同来确定的（表现为“顶”，或者援引率等）。因此，维基百科至少具备了传统百科全书所不具有的两个优点：一是它是“活”的——根据人们的支持和认可度对不同阐释的排列顺序进行动态调整，因而不会埋没每一个有见地的理解，就算人们暂时未发现某个阐释的独到之处，随着时间的推移，这种阐释的独到之处也会被人们所看到；二是它充分地发掘了人类社会的智力资源，相较于传统的词条编辑形式，在维基百科中不管何人何种身份，只要他在某个词条的阐释上有深入的、独到的见解，就能够把自己的智慧展现在大众面前。

因此，我们得到的启示是，倘若我们擅长利用网络便于发挥民间智慧和内容原创能力的技术特点，网络新媒体就会形成独属于自己的内容生产方式。播客、博客应用的流行为我们提供了应用此种生产方式的良好社会基础，我们怎样利用“转换接口”把播客、博客的自我创作和生产引导到帮助社会生产的轨道上来，是这一生产方式的技术核心。虽然利用具体的生产方式构建流程还面临很多操作方面的问题，不过，它已向我们展现了一道令人向往的全新风景线。

第三节　新媒体与传统媒体的比较

一、内涵范围的比较

传统媒体和新媒体具有一脉相承的关系，都存在于“媒体”这一语言域中，但是两者也有明显不同。人们对传统媒体和新媒体虽然有常识层面的感性区分，但加以学理深究，学界也有争论，关键在于如何理解“新”字：传统媒体在何种意义上缺失了与新媒体区别开的“新”的概念？一般来说，传统媒体主要指以报刊、广播、电视台为代表的大众传播媒介。新媒体通常是相对于传统媒体而言的具有一些新特点的媒体形态，建立在数字技术、网络技术、移动技术等新技术基础之上。因此，新媒体的范围很广，既包括传统媒体经营的“新媒体”，如传统媒体开设的微博账号、微信公众账号、移动智能终端等，也包括自发形成的“新媒体”。

二、传播方式的比较

传统媒体以传统的大众传播方式，即通过某种机械装置定期向社会公众发布信息或提供教育娱乐的交流活动的平台，传统媒体主要包括广播、报刊、电视三种。

广播主要以声音的形式传播，声音稍纵即逝，不易记忆和保存，而且在视觉上缺乏直观、生动的形象。广播是线性的传播方式，听众只能按照电台的播出顺序收听，而且不能重复收听。电台发射的电波频率受天气、接收方位和其他电台相近频率的电波等条件的干扰，影响受众的收听效果。

报纸以文字、图像的形式传播，只能采取单一的、线性的报道方式，受版面限制，新闻信息的容量有限，需要对客观的新闻事件做概括。为迎合大多数人的阅读取向，报纸缺乏个性化，不能全面满足受众的阅读需求。此外，报纸新闻以“天”为单位的更新速度远落后于网络，发行方面更容易受到地域的限制，覆盖面有限。

电视虽具备了声画结合的特点，但与网络视频相比，在丰富性方面还是有所欠缺。电视节目受节目时间的严格限制，只能在规定的时间内传播相应的信息。电视和广播一样，是线性的传播方式，不能反复收看。

另外，这三大传统媒体在信息传播的过程中都是单向传播的，即媒体向受众传播，没有受众的信息反馈这一环节，受众只能被动接收信息，而缺少公开就信息发表意见的途径。

新媒体的传播方式与传统媒体相比，“新”在以下几个方面：

第一，理念新。传统媒体一对多的传播方式，决定了其主宰着话语权，人的自由意志在这种媒体面前无法得到实现，人的自由意志的彰显需要另一种传播方式。打破既有传播中的话语霸权，这需要传播方式的革命，也需要传播载体的革新。而新媒体消解了传统媒体之间的边界，消解了信息发送者与接收者之间的边界，大众传播变得亲和而小众，受众的自由意志得以体现。

第二，模式新。新媒体让传播方式实现了从“一对多”向“多对多”的转变。受众的主动性和可选择性极大增强，每个人都可以进行大众传播。另外，手机、互联网、博客、微博、微信等的密切配合，在“第一时间、第一现场”中显示出了巨大威力。

第三，效应新。新媒体具备影响特定时间内特定区域内的人的视觉或听觉反应的因素，从而形成一定的效应，并具有一定的生命力。

三、传播内容的比较

（一）传播信息的容量

传统媒体中，信息的容量非常有限，如报纸的信息容量受版面限制，电视媒体的信息容量受时间限制。传统媒体很难一次性兼容诸多繁杂的内容。

新媒体传播内容的信息量要大得多。具体来说这取决于新媒体的普及程度以及在新媒体上发布消息的受限制程度。当更多的人占有新媒体这种传播资源，并在尽可能小的限制范围内比较自由地发布消息时，它传播内容的信息量则是相当大的。因此我们可以在网络、手机等诸多新媒体平台上看见来自各种渠道、具有不同内容属性的消息。即使针对同一个消息，新媒体所带来的传播内容也是多角度、多方面的，它不仅仅局限于官方渠道，普通民众也可以成为新媒体消息评论中的发言人，这是新媒体传播内容包含大信息量的一个重要体现。

（二）传播内容的权威性

传统媒体报道具有权威、严谨等特点。传统媒体在历史发展进程中积攒了十分丰富的媒体传播经验，对于相关信息和内容的报道形成了自身独特的模式，因此，对于新闻内容的把握更为准确。如《人民日报》《经济日报》等在新闻传播的过程中形成了独特的品牌效应，被广大读者认可。

新媒体传播内容的真实性有待考证。新媒体信息发布者鱼龙混杂，在新闻内容的刊发过程中，难免有人会发布一些虚假信息。

（三）传播内容的差异

传统媒体生成的信息在经过若干转载或者转播之后，信息内容基本保持原貌，其传播功能与价值也是一成不变的。

新媒体时代是用户生成内容时代。用户可以根据自己的兴趣爱好与需要生成自己喜欢的内容，在互联网发展早期阶段出现的豆瓣社区、维基百科实际上也属于这类用户生成内容型网站。这就很可能导致一条稀松平常的消息在经过若干人的加工、评论、转发后变成“重要情报”，甚至被主流媒体所采用，并在很短的时间内产生轰动效应。此外，由于每个人拥有不同的兴趣与爱好，所以同样一条消息在有需要的用户眼里是“珍宝”，而在另外的用户眼中则可能是垃圾信息。

四、传播手段的比较

（一）传播机制

传统媒体通常采取单向性的传播机制，即将信息附带在某种载体之上，然后带有强制性地传播出去。受众只能被动地接收，其话语权从某种意义上来讲是被剥夺的。

新媒体则具备更宽泛的传播机制，即一种全新的多维度传播机制。如网络媒体一旦将信息传播出去，受众就可以立即进行反馈，这种反馈不是一对一的“函数式”双向互通，而是一对多的“映射式”传播，是一种真正意义上的多维度传播机制。

（二）传播链条

传统媒体具有滞后性，对某个信息的传播需要经历“信息的发现—信息的正式发出—信息的传播过程—信息的接收”这一完整的时间链条。其中任何一个链条发生意外，都有可能影响到整个信息的传播进程，实时性大打折扣。

新媒体具备实时性的传播特征，因为它的传播机制建立在数字化的平台上，所以不会受到更多的实物制约，而且人为因素、自然条件也很难影响到数字化这种传播模式。我们都可以亲身体验到，在网络上发布一条消息远远要比在报纸或电视媒体上发布一条消息快得多。

五、传播管理的比较

传统媒体发展至今，已经有非常清晰的管理机制，形成了较为严格的监管规范，尤其之前作为宣传工具，被赋予了政治色彩。这使传统媒体更加规范与严谨，在一定程度上保障了传统媒体的发展空间，同时也确保了传统媒体的公信力。

新媒体管理机制的模糊和平台的开放性，导致其“把关人”地位发生变化。首先，“把关”的可行性弱化，新媒体的海量时空范围、高速高效、操作简单等特点都是其重要影响因素；其次，“把关人”角色泛化，随机变换的传授定位、无集权的管理机制，造成新媒体的“把关人”角色不断变化，从而导致各种虚假不实的报道横行，没有足够的权威性和公信力。

六、传播效果的比较

（一）受众对媒体的参与程度

受众是否参与到媒体事件的报道中去，是体现传播效果的一个重要参数，得到受众广泛参与的媒体事件报道的普及程度要更大。

传统媒体通常采取单向性的传播机制，即将信息附带在某种载体之上，然后带有强制性地传播出去。受众很难参与进去，这一点在前面已经介绍。

新媒体的参与平台是开放平等的，也就具有更为广泛的参与人群。另外，参与到新媒体事件报道中去是十分便捷的，不需要更多的客观物质条件限制，这也决定了新媒体参与程度的提升。

（二）受众对媒体的需要程度

受众在进行媒介接触时并不是不假思索的、完全被动的，而是基于一定的需要对媒体内容进行选择性接触的。受众的需要可以分为“共同需要”和“特别需要”两大类。

传统媒体在满足全社会共同需要（如奥运会田径项目比赛时间、世界杯小组赛成绩、天气预报、国家重要政策公告等）方面素来具有不可比拟的力量，因为无论是从受众接触面的角度，还是从信息来源的权威性角度来讲，传统媒体显然是首屈一指的。传统媒体在大面积公开传播此类信息时效果更佳。

新媒体中的社交媒体领域存在大量的“意见领袖”，如新浪微博的加V用户等。社交网络是基于人际关系而建立的媒体，它的传播机制就是通过熟人关系、人与人之间的信任和忠诚度进行“口耳相传”的人际传播，形成口碑，从而达到预期的传播效果。因此，新媒体在传播“满足非共同需要的信息”（如不脱色的唇膏、脱脂奶粉、某某餐厅的优惠信息、三个月到期的金融理财产品等）时，更具优势。

（三）传播互动程度

传统媒体新闻传播只是由媒体单方面进行的，很难与读者间形成良好的互动。

新媒体独特的平台创作丰富了人们的沟通与交流渠道。无论是通过手机移动终端，还是互联网，受众都可以与媒体间实现及时的互动，畅谈自身的观点，也可以对新闻内容进行补充。新媒体成为普通民众张扬个性、表现自我的最佳场所。不仅如此，新媒体作为高科技的产物，可以充分调动起网民的舆论监督力量，从而保证媒体在后续新闻报道过程中的真实性。

通过以上几个方面的对比，可以得出以下启示：

第一，新媒体的出现和迅猛发展，很大程度上改变了人类的生产和生活方式，引发人类社会在经济、政治、文化、思想等各个领域的深刻变革。新媒体不是从传统媒体内生转型而来，它是一种外生的新型的媒体形态，是一种势不可挡的新技术革命浪潮。

第二，同新媒体相比，传统媒体更容易被主流意识形态所控制，也更容易管理。传统媒体在短时间内不会被新媒体完全替代，它所具有的一些特质是新媒体所不具备的。

第三，新媒体和传统媒体间的相互融合，是当今乃至以后媒体发展的必然趋势。新媒体和传统媒体通过相互融合，不仅可以实现优势互补，优化资源配置，使传播效果达到最大化，还可以提高媒体传播的吸引力和影响力，锁定传统媒体自身的客户群、读者群、消费群，从而增强媒体信息服务力度，适应时代发展。

第四，互联网等新媒体越来越成为主导和影响受众工作、生活、学习的重要力量，同时也带来了一系列的社会问题，因此，要创新管理手段，引导新媒体发挥好服务作用。从当前来说，应当抓好以下几个方面：要充分认可新媒体的地位、作用和价值，让其有较强的发展空间和潜力，与此同时，合理地加以引导和疏导，让其为社会服务，为大众服务，为社会发展服务；对于新媒体，要建立健全相应的政策、措施，加强和完善立法；不断完善网络文化建设的平台，建立合理而科学的管理措施；建立和打造一支专业的网络队伍，加大对网络的监管。

可见，新媒体的发展已经势不可挡，前进的步伐也从未停止过。当然，短时间内新媒体无法完全取代传统媒体。但是新媒体在慢慢赶超传统媒体的过程中，需要有一个准确的定位，做到取长补短，而且在发展过程中，一旦发现问题，就要立刻积极主动地解决问题。

第四节　新媒体时代的内涵与特征

一、新媒体时代的内涵

新媒体时代是相对于传统媒体时代而言的，是以数字技术、网络技术、移动技术等新的技术为基础，媒体形态多样，强调用户参与和互动，对社会各层面产生深远影响的媒体新时代。

二、新媒体时代的特征

（一）新媒体时代是“全媒体”时代

“全媒体”的“全”不仅包括报纸、杂志、广播、电视、音像、电影、出版、网络、卫星通信在内的各类传播工具，涵盖视觉、听觉、触觉等人们接收资讯的全部感官，而且可以针对受众的不同需求，选择最适合的媒体形式和渠道，提供超细分的服务，实现对受众的全面覆盖及最佳传播效果。

媒体形式的不断出现和变化，媒体内容、渠道、功能层面的融合，使得人们在使用媒体的概念时需要一个意义涵盖更广阔的词语。“全媒体”的概念尽管在学术界并未达成共识，其内涵却在实践中日复一日丰富起来，并在近年来得到很大的发展，引起了越来越多的重视，开始在新闻传播、远程教育等领域广泛运用。

（二）新媒体时代是“能发声”的时代

新媒体时代为“能发声”的时代、“大众麦克风”的时代。随着新媒体相关技术的发展，特别是网络技术的发展，每个人都能够借助网络平台去表达自己的心声，每个人都可以成为信息传播者，都可能成为意见表达的主体。互联网成为不同利益群体进行利益表达，特别是弱势群体维护基本权益的“发声”平台。

（三）新媒体时代是彰显民主的时代

在新媒体时代，任何一个人只要具备上网的条件，都可以成为“记者”，都有可能曝光一场丑闻，或者发动一场声势浩大的舆论。新闻与传播再也不是由专业机构垄断的一种自上而下的过程，而越来越成为大众广泛参与并集思广益的活动。

在新媒体时代，政治管理者将受到来自各界的监督，任何举动都难逃公众的眼睛，政治管理者将感受到前所未有的压力。

各阶层都可以在互联网上发言，因而互联网经常成为弱势群体展示伤痕和相互取暖的地方，这也更加彰显了民主的含义。

（四）新媒体时代是体现平等的时代

社会的平等是围绕社会秩序、社会价值为核心的方法论概念。新媒体时代的平等应该体现在以下两方面：

一方面，新媒体时代有利于保障新媒体成员实现价值平衡。只有保证网络社会中的信息基本对等，才能保证社会存在的意义。在这个前提下，作为社会成员的现实工具——人，才会继续参与新媒体背景下平衡的可持续发展。可以说，新媒体时代有天然的平等讨论的基础。

另一方面，新媒体时代传统的社会群体结构和人际互动方式得以根本改变。网络时代，人与人之间通过网络互联在一起，既可以互通信息，又可以共享资源。在这里没有特权，没有固定的中心，人与人之间的联系和交往趋于平等，个体的平等意识和权利意识也进一步加强，不再受传统社会等级制度的控制，最大限度地体现了人际交往的平等性。新媒体时代使得各个阶层借助网络平台实现平等对话。如各级政府部门开通“网络问政”平台，收集民生信息。每年“两会”期间，各级政府还会借助网络视频等新媒体手段答疑解惑。

（五）新媒体时代是公平正义的时代

传统媒体时代，一方面，民众对信息的接收和传播处于被动地位，社会的公平正义在一定程度上受到影响；另一方面，社会司法制度不完善，司法监督不到位，官员贪腐现象仍有出现。

新媒体时代，信息的自主权完全掌握在民众手中：借助新媒体技术，民众可以反映自己的意见；借助司法手段，民众可以维护自己的切身利益和合法权利。

第二章　高校育人环境的构建

高校育人环境的构建对于高校学生的成长和学习都有着重要的影响。本章为高校育人环境的构建，简要介绍了高校育人环境的特点、高校育人环境建设的重要性以及如何构建和谐高校育人环境。

第一节　高校育人环境的特点

教育的本质在于育人，高校是培养优秀人才的主阵地，承担着向社会输送优秀人才的重任。提升高校的教学质量，促进高校的健康发展需要构建良好的育人环境。高校育人环境建设是系统工程，不仅涉及自然环境与物质环境，同时还包括文化环境与制度环境。应充分认识到高校育人环境建设的重要性与必要性，并积极探索高校育人环境建设路径，为学生提供良好的学习与成长环境。

高校育人环境实际上是所有可能影响大学生思想和道德成长的外部因素的综合体现。高校育人环境不仅涉及物质层面的因素，还包括精神层面的因素，这些因素共同形成了独特的内容。制度环境也是高校育人环境的一部分，主要是指学校的相关管理制度，是学校管理风格的重要体现。高校育人环境中文化环境是核心，文化环境更加倾向于精神层面，对师生的影响更加深远。

简单来讲，高校育人环境可以看作高校建设发展过程中形成的精神与物质文明的综合。良好的物质环境能够为学生的生活与学习创造优越的条件，良好的精神环境则可以给学生带来身心的愉悦，有助于激发学生学习的兴趣以及探索的欲望。因此，高校育人环境会对高校教育事业以及学生的发展产生重要影响。

高校育人环境的特点主要体现在以下几个方面：

一、设施的系统性

尽管各个学校在办学规模和教育质量上有所不同，但它们作为教育机构，都配备了满足教育需求的完善设施，如教室、食堂、实验室等。随着社会经济文化的迅速发展，人们对高等教育提出了越来越高的要求，高等学校也不例外。虽然与发达国家的高校相比，我国的高校在设备和设施方面存在明显的不足，如设施不够完备先进、管理手段缺乏现代化等，但是与国内的其他产业相对照，它的设备更具全面性和系统性。尽管不同的高校在设施条件和设备选择上存在差异，但从宏观的视角来看，这些学校在设施配置上展现出了明显的系统性特点。高校是培养各类人才的场所，而人才培养离不开教育设施的支持，因此教育设施对高等教育来说具有举足轻重的作用。高校不仅配备了齐全的教学和生活设备，还拥有相对完善的文体活动设施，以及与科研机构相似或更为先进的科研仪器和设备，某些学校甚至还设有自己的实验工厂和实习基地。这些都为开展各项科研任务提供了良好的物质条件。高校的物质基础设施在某种程度上展示了国家在科学和文化方面的发展水平。物质设施的系统性不仅构成了高等教育的物质根基，同时也是学生全面发展成长的基础条件。

二、人才的密集性

高校能培育专业人才，推动科学与文化发展，也是人才聚集的主要场所。高校人员包括教师等科研人员、学生、管理人员和其他职工。高校是培养各类专业人才的基地，也是科学研究的重要场所之一。高校里的教师等科研人员是拥有深厚的文化修养，并在专业知识、技能和科学理论方面都表现出色的高质量人才，包含了社会上大多数的专家和学者。这些人不仅对国家的科学技术做出过重大的贡献，而且在推动人类文明发展中发挥着重要作用。在高校中，许多干部和教职工都接受过高等教育，这些人中绝大多数又具有一定的学术造诣。管理人员拥有深厚的知识背景，还有丰富的管理经验，他们在学校里受到良好的思想政治教育，受到爱国主义、集体主义精神和社会主义信念的熏陶。高校的学生被视为社会中最有发展潜质的年轻人，他们通过了高考的严格筛选，是现代化建设专业人才的预备队伍。高校人才的密集性，为大学生提供了一个有利于其素质全面发展的外部环境，同时又决定着高校培养出来的学生具有较高的文化素质水平。高校所展现出的人才密集性，对于大学生形成正确的生活和价值观念，起到了深远的影响。

三、教师的示范性

一个合格的高校教师不仅要具有丰富的专业知识，还要具备高尚的师德，只有这样才能胜任教书育人工作。教师的思维方式、品德和知识储备，都会在他们的教学过程中和与学生的课外互动中得到体现，这对学生的个人成长具有显著的示范作用。因此，加强师德修养是搞好素质教育的关键。在教学过程中，教师不只是将科学和文化的知识系统地传达给学生，他们还肩负着培育学生的道德修养、情感动力和行为模式的责任。因此，教师的思想品德修养、知识结构以及人格魅力等因素直接关系到人才培养的质量。教师的示范既要符合道德要求又要体现出个性特色，即“以德育人”。在一定意义上可以说，教师的人格魅力是一种无形的精神力量，它直接作用于学生心灵。教师在课堂上所展示的行为方式和仪表举止，直接或间接地作用于学生。教育者的个人品质和形象如何，以及他们是否能获得学生的尊敬和信赖，往往从一开始就决定了教育内容是否会被学生接受。因此，对教师来说，要做一名合格的人民教师，首先必须提高自己的素质和修养。教师在教书过程中所表现出来的认真钻研教材的态度和一丝不苟地执行教学大纲的态度，对学生的影响往往比其他任何职业更直接、更深刻。除此之外，教师的创意性也尤为重要，如果教师不进行有创意的研究，那么他们就无法进行有创意的教学，也就很难培育出思维敏捷、具有创新精神的学生。

四、严明的纪律性

我国高等教育的本质特点，使得高校有责任确保其培养出的毕业生有远大的理想、高尚的道德观念、严明的纪律性和较高的文化修养。因此，高校应努力造就一批德智体美全面发展的人才，这已成为高等学校培养目标中最基本的。为了培育这种人才，严明的纪律成为关键，加强大学生的教育管理，提高他们的组织纪律性尤为重要。高校的严明纪律是通过多种制度和管理手段来实现的，它要求每个人自觉地服从校规党纪，自觉自愿地为完成各项任务而努力工作学习，并能为实现集体利益或个人利益做出积极贡献。大学生作为社会上一个特殊群体，有着不同于一般青年学生的心理特征，因此必须采取不同方式加强纪律性建设。在高校中，纪律性体现在学生的学习和日常生活中，各个方面都有明确的规章制度来加以规范和约束。这些规章制度和行为标准，可以为学生的思维和行为提供科学的引导和约束，改善学生的行为模式，并培养他们主动遵循这些规章制度的意识。严明的纪律性不仅构成了学校管理的基础准则，也是确保学校所有工作能够正常进行的关键因素，还是大学生健康发展所必需的基础条件。培养人才、塑造人才的高校必须加强对学生的纪律教育。

五、素质的导向性

在高校中，所有的努力和工作都是为了提升学生的综合素质。加强对高校学生纪律意识的引导与监督，对于全面提高学生素质有着十分重要的作用。高校作为培养人才的基地，肩负着重要任务，其主要职能就是把受教育者培养成能够适应未来社会发展的专业人才。在培养人才的过程中，每所高校的各个专业都设定了特定的目标方向。这些教育教学的目标指向就是大学生的素质教育。因此，高等学校必须重视学生在校期间的教育与训练，并使之逐步达到培养目标要求。这里提到的素质导向性具有以下几个层面的解释：第一，学校对于学生的素质有着多维度的指导。高校培养出来的人才要为国家做出贡献，就必须具备一定的知识水平、道德品质以及实践能力。因此，要把全面发展作为素质教育的根本目的。第二，学校在培养学生素质方面采取了多种途径，其中最主要的一条就是课堂教学和社会实践。主导学生素质提升的主要途径是课堂教学。除此之外，学校提供的各类硬件设施、文化活动等，都对学生的综合素质有着直接或者间接的推动作用。第三，不同层次、不同类型院校对学生素质导向各有侧重。在高校培育学生的过程中，德育应被视为首要任务，强调提高学生的思想和政治品质。同时，也要注意到各院校自身条件所形成的差异，如地理位置等因素，从而使各校形成了具有自己特色的人才培养模式。因此，在不同的高校中，其环境对于学生的综合素质有着各自独特的指导作用。这种差异性反映到教育过程中，必然会导致培养目标、内容和方法等方面的差别。在高校中，对学生综合素质的精准指导是提升学生多方面素质的决定性因素。

人们的行为与所处的外部环境有着密切的联系，尤其是大学生还在形成世界观和人生价值观的过程中，他们更容易受到外部环境悄悄的塑造和影响。一个和谐、健康的校园环境不仅有利于大学生健康成长，还可以提高其综合素质，从而促进民族整体素质的提高。高校的育人环境本质上是一个融合了文化、教育、制度和精神氛围的环境，其独特性使其在培养学生方面拥有不可替代的作用。高校育人环境潜移默化的育人效果，是通过校园中各种有形与无形的载体来实现的。因此，它从各种不同的视角，引导大学生的思维，规范他们的行为，培育他们的道德观念，并对他们的健康发展产生积极影响。

第二节　高校育人环境建设的重要性

育人是教育的本质，育人环境则是影响育人效果的重要因素。高校作为人才培养的重要场所，高校育人环境建设至关重要。良好的育人环境是优秀人才培养的重要保障，同时也是高校发展的重要基础，应充分认识到高校育人环境建设的重要性，并积极探索高校育人环境建设的策略，保障高校育人环境建设的高效开展。

培养人才是高校的基本任务，而良好的育人环境则是培养人才的基础和前提。要寓教于环境之中，因此育人环境必然会对教育成果产生重要影响。为提升教育水平，为社会的发展培育更加优秀的人才，高校需要加强育人环境建设。高校育人环境中文化环境是核心，文化环境更加倾向于精神层面，对广大师生的影响更加深远。加强育人环境建设不仅可以便于大学生进行文化知识学习，而且可以使大学生受到文化环境的熏陶，并在文化活动中得到锻炼，同时还能使大学生受到人文精神的感染，帮助大学生升华人格，提高境界，振奋精神，实现全面发展。除此之外，高校育人环境建设还有利于大学生开阔视野，活跃思维，激发创新灵感，为大学生的学习以及今后的发展奠定坚实的文化基础和深厚的文化底蕴。高校育人文化建设是培养能力强、基础扎实、知识面宽的高素质优秀人才的必然要求，是推动高校发展的必要手段。因此在高校发展过程中应给予育人环境建设高度的重视，并积极探索科学高效的策略，保障育人环境建设取得理想成效。

育人环境是无声的课堂，会对广大师生产生重要影响，无论是物质环境、自然环境、文化环境还是制度环境，都是大学生健康成长以及能力提升的重要保障。大学生受其生活经验、心理特征以及知识水平等因素的影响，具有可塑性强、思维敏捷以及兴趣广泛的特点，大学生在思想、行为上受环境影响更大，良好的育人环境能够在潜移默化中对大学生产生积极影响，使其受到优秀文化以及学术气氛的熏陶，有助于大学生形成良好的思想情操，更有助于大学生的全面发展。建设高校育人环境的重要性具体有以下几个方面：

一、推进素质教育落实的必然要求

办大学不等于办教育，大学毕业生也并不全是真正意义上的人才，只有强调和落实素质教育，着重培育“全人”才能将大学生打造成为对国家、对社会有用的优秀人才。大学教育并不仅仅局限于帮助学生掌握知识和提升能力，相较于这些，素质培养则更加重要。素质教育强调学生内在的品质与素养的提升，是学生对所学知识的内化与升华，最终才能形成素质。在此过程中则需要一定的文化底蕴以及高雅的氛围，并且需要教师的启迪。而高雅氛围的形成、文化底蕴的建立等则需要良好的育人环境作为支撑。高校育人环境建设是落实素质教育的基础，高校通过育人环境建设可以为学生营造良好的生活与学习环境，同时也能为素质教育的开展创造便利条件，因此高校育人环境建设有助于素质教育的落实。

二、提升人才培养效果的必然要求

人才培养不仅仅是通过课堂教学实现的，环境的影响也至关重要。“泡菜理论”充分体现了环境对育人的重要性，“泡菜理论”是指泡菜的味道取决于泡菜水的味道。对于高校教育而言，高校培养的人才如同“泡菜”，而高校育人环境便如同“泡菜水”，培养的人才的质量则必然会受到高校育人环境的影响，只有在良好的育人环境下才能培养出高素质的人才，因此高校育人环境建设有助于提升人才培养质量。

不同高校虽然在教育模式、开设的课程以及教学内容等方面基本相同，但是所培育出的人才素质则存在较大的差异。之所以会出现这种状况，是因为一方面生源水平不同，另一方面高校的育人环境不同。清华大学（简称清华）、北京大学（简称北大）毕业生之所以优秀，学生基础好以及教学质量高固然是主要原因，但是清华、北大良好的育人环境也不容忽视。因此高校在发展过程中应充分认识到育人环境建设的重要性，认识到教育对象不仅仅是一个个活生生的个体，而且这些个体需要在与环境的信息交流中不断感受、不断思考、加深体验、获取知识、积累经验以及提升能力，最终实现自身的发展。因此高校育人环境建设有助于提升人才培养效果。

三、促进校园文化发展的必然要求

校园文化伴随着高校的创建而产生，校园文化是一种精神、一种氛围，校园文化的发展意味着学校文化品位的提升。同时校园文化彰显着校园的特质，并且能够激发学生的热情，唤起学生独立的、高尚的人格追求与道德追求，因此每一所高校都高度重视校园文化的建设与发展。高校育人环境建设则有助于校园文化的发展，在高校育人环境建设过程中，通过物质环境、自然环境、文化环境以及制度环境建设，构建科学完善的校园文化体系，促进校园文化的发展。与此同时，校园文化的发展也有助于营造良好的育人环境，二者相辅相成，相互促进。

第三节　构建和谐高校育人环境

建设和谐高校育人环境，是构建社会主义和谐社会的重要组成部分。当前我国正处于全面构建社会主义和谐社会的关键时期，而高校则承担着为国家输送合格建设者与可靠接班人的历史重任，因此高校工作必须有高度的自觉性和责任感。

一、和谐高校育人环境的基本特征及其意义

高校作为构成社会体系的一个重要的子系统，作为整个社会体系和总体布局中的重要组成部分，担负着培养人才、科学研究和社会服务的职能，对社会政治、经济、文化诸领域的导向及支撑作用十分明显，其辐射力和影响力超过了企业等社会组织，在和谐社会的构建中无疑肩负着特殊的使命。

（一）和谐高校育人环境的基本内涵

和谐代表了中华民族传统文化的核心精神。中国古代思想家对其进行了大量而系统的论述，形成了独具特色的和谐思想，这种思想在今天依然有着重要意义。中华文化中的和谐理念可以总结为“和而不同、求同存异”。从哲学观点出发，和谐并不是指完全没有矛盾和冲突，而是指事物在平衡有序的基础上发展。

高校是一个特殊的社会组织，由学生、普通教师、管理层以及其他辅助人员组成，并根据特定的标准进行互动和联系。和谐高校育人环境，主要是指高校协调、均衡、有序的发展态势，即在校园内，人、校园环境、社会等多个因素之间存在着相互依赖、协同发展的多赢关系。这样的环境和条件能够充分激发全体师生及高校下属子系统的能动性和创造性，从而实现师生和高校所属子系统活动的整体协调。反之，如果师生群体在相互交往过程中产生心理上的冲突或行为上的偏差，就会导致各种不和谐因素产生。所以，构建和谐高校育人环境必须坚持“以人为本”的理念，注重师生个体素质的全面提升，着力培养大学生健全的人格，塑造良好的校园文化环境。

和谐高校育人环境最核心的部分是“以人为本”。和谐高校育人环境是学校结构、质量、效益、规模和速度等要素的和谐发展，而人是教育的主题、主体，人是保证这些要素和谐发展的关键，因此和谐高校育人环境的关键是校园人际关系的和谐。高校人与人之间关系的和谐才是最基本、最重要的要素。

从本质上讲，高等教育就是一个“培养什么人”和“怎样培养人”的过程。构建和谐的高校育人环境需要自我教育、学校教育、社会教育以及家庭教育之间的紧密互动和共同推动。在这四个主要的教育领域里，人被视为最关键的资源和竞争的核心，发展的关键在于人，而发展的最终目标也是人。所以，和谐高校育人环境的基本内涵就是要“以人为本”。

（二）和谐高校育人环境的主要特征

社会主义的和谐高校育人环境应该具有如下特征：

第一，社会主义民主得到充分发扬，依法治校得到切实落实。社会主义和谐社会的首要特征就是民主法治。社会主义民主法治是高校和谐高校育人环境建设最根本的指导原则和最重要的运作机制。社会主义和谐高校的育人环境，无疑是一个坚守正确办学理念、全方位实施党和国家教育政策的环境，以人为本是和谐高校育人环境的灵魂和精髓。为了打造一个和谐的高校育人环境，首先，高校需要培养广大师生对高校建设的主人翁精神，确保他们在学校的建设和发展过程中享有民主权利；其次，高校需要平衡和调节校园利益关系，维护校园的安全稳定，从而使高校内各方面积极因素得到广泛调动。

第二，公平和正义得到了真正的维护和实现。高校和谐育人环境应当是一个展现公平与正义的校园环境。在我国构建和谐社会过程中，要始终坚持以人为本的理念。公平与正义被视为人民大众所追求的核心社会价值观，也是衡量社会主义价值的关键标准。构建和谐社会离不开公平正义这一核心价值观。当前我国高校面临着新形势、新任务，在构建和谐社会中肩负着历史重任。在高校和谐的校园环境中，公平和正义主要体现在管理部门和行政部门的公平与正义上。师生参与学校的经济和政治活动时，有关部门必须保持公开和透明。如在考试、就业、职称评定、奖励评选等各个环节，评选机构都应遵循公正的标准，确保高校各方面的利益得到适当的平衡和协调；领导干部在个人从政和管理过程中应坚持廉洁、勤奋、公正和公平的原则；大学生在成长成才的全过程中，受到平等对待和尊重。构建社会主义和谐社会，离不开和谐的高等教育，更需要建设一个良好的高校育人环境。和谐高校育人环境的公平正义是一种氛围，从组织结构到各个部门和个体，都在自觉地协作，以构建一个公平竞争与持续发展的平台。

第三，高校各个部门之间相互支持、真诚守信，所有的师生都在平等的基础上相互关爱、和谐共处。诚信被视为公民道德的基础准则，意味着对人的诚实和信任，以及用信誉赢得他人的信任。友爱是对他人善意地表示关心爱护或帮助，并以此为基础而形成良好的人际关系。为了创建一个和谐的高校育人环境，师生之间的相互信赖和友爱是至关重要的。社会主义和谐高校育人环境的构建应注重互帮互助、诚实守信，从而形成一个平等互爱、融洽相处，具有强大凝聚力的整体。诚信友爱能够极大地降低校园生活中的各种不必要的消耗和冲突，建立健康的人际关系。大学生诚信教育作为一种思想政治教育活动，其核心是培养具有诚信美德的人。一个缺失诚信友爱的校园，必然影响高校的持续快速发展，影响物质文明、精神文明和政治文明的发展，影响和谐高校育人环境的构建。所以，要实现构建和谐高校育人环境的目标，在诚信友爱这个层面上就必须以道德作支撑，以法律作保障，以校规校纪为约束，形成德治与法治相结合的机制，从而为整个高校互帮互助、诚实守信，全体师生平等互爱、融洽相处提供保证。

第四，高校成为充满生机活力的创新基地。和谐社会应该是充满生机活力的社会，而要社会充满活力，创新是关键。创新被视为民族的核心精神，学校的活力源于“创新”，而这种活力正是推动校园文明向前发展的实际动力，也是现代大学的显著特征。因此，高校应在继承传统文化精华的基础上，积极吸收先进思想，构建创新型校园。和谐社会是一个高度重视知识、人才和创新的社会，所有的积极元素都能被最大范围和最大程度地激发，所有人的创新能力都能得到充分的发挥。因此，和谐高校育人环境理应成为充满生机活力的创新基地和充满生机活力的殿堂：所有有利于高校发展、社会进步的创造愿望、创造活动、创造才能、创造成果，都能够得到尊重、支持、爱护和肯定。

第五，高校拥有完善的组织结构，保持稳定和团结，采用科学的管理方法，保持良好的秩序，确保学生的全方位发展。师生之间相互理解信任，相互沟通，和谐相处，共同为建设一个充满生机与活力的校园做出贡献。为了构建一个既充满活力又稳定有序的高校育人环境，实现活力与有序之间的动态平衡是至关重要的。这代表着师生追求的是一个既活跃又有序、充满创意的校园。安定有序意味着高校环境是安全和稳定的，这不仅为师生提供了一个稳定和有保障的生活氛围，还在心理层面上营造了一个安全和值得信任的良好环境，确保人与人之间的各种互动都能在一个文明和友善的氛围中进行。此外，基础设施建设和学生管理的各个环节也都是有序地进行和发展的。高校内部组织结构、制度建设以及教育教学等各项工作都能体现出安定有序的特点。和谐高校育人环境的建设必须以“稳中求发展”的理念作为基本原则，并以此来保证各项工作能够顺利开展。高校应紧紧抓住各种机遇和挑战，在稳定和有序的基础上解决各种矛盾和问题，汇聚所有可能的团结力量，激发所有积极的元素，以共同推动高校的持续发展。

第六，高校的师生与学校、学校与社会之间应保持和谐的关系。高校师生作为一个特殊群体，有着自己独特的价值观和行为方式，对校园与社会和谐发展有重要意义。高校师生与学校、学校与社会之间的和谐关系是和谐高校育人环境构建过程中较为重要的部分。

有了以上六个方面的和谐，高校才能确保把学校建成优秀人才的培养基地、先进文化的孕育基地、先进生产力的研究开发基地，不断为国家培养优秀人才，贡献科研成果，促进社会生产力的提高和先进文化的发展，更好地为广大人民服务，才能充分发挥高校在创建社会主义和谐社会中应有的作用。

（三）建设和谐高校育人环境的意义

对于高校而言，构建和谐高校育人环境是时代发展的必然，也是教育规律的体现。这意味着创建一个和谐的高校育人环境对于高校来说是至关重要的，也是迫切的。通过环境的建设来推动社会主义和谐社会的形成和进一步完善，从而为社会主义和谐社会的建设做出积极的贡献。因此，构建和谐高校育人环境是高校未来的发展方向，而如何构建和谐高校育人环境，则关系到整个教育事业的发展。

1．符合建设和谐社会的需要

高校是精英的汇聚之地，也是国家的科学、教育和文化核心，是社会结构的关键部分，并在培育国家的高级人才上扮演着至关重要的角色。同时，高校是科学民主思想文化交汇的平台和摇篮，这里展现着理论思想的交锋，民主政治诉求敏锐，各种思想文化相互激荡，利益关系与社会发展互动共进。如果能够把和谐高校育人环境构建好，将激发出一种强大的动力，产生和谐的辐射效应，从而促进社会整体的和谐发展。因此，高校也是我国现代化进程中最活跃，最具创新精神的领域之一，它肩负着发展先进生产力，提高国民素质和推进人的全面发展等重大历史使命，高校应当在构建和谐社会中起到理论先锋和实践示范的作用，走在时代的前列。

2．为构建和谐社会提供了理论阵地和文化支撑

高校作为社会思想的汇聚点和理论创新的基地，有义务对和谐理论进行深入

研究和创新，为构建和谐社会提供坚实的理论基础和方向指引。从哲学层面上讲，构建和谐社会与中华优秀传统文化有着密切的联系。社会主义和谐社会理念的提出也同样要求我们继承和发扬这些优秀传统，形成符合时代特征的新的价值取向，从而使中国特色社会主义事业充满生机活力。高校不仅是知识的殿堂和文化的汇聚点，也是社会和谐在思想层面上的“谐振”核心。因此，高校应当充分利用其在理论和文化方面的优势，为构建和谐社会做出贡献。

3. 以人为本的科学发展观的必然要求

建设和谐高校育人环境是落实以人为本的科学发展观的需要。我国高校正处在改革发展的战略机遇期，大众化、信息化、国际化和规模化已成为高校发展面临的不可回避的机遇和挑战。在这样的大背景下，我国高校要抓住自身发展的战略机遇期、关键期，以人为本，关心人、尊重人，正确处理好各种利益关系，团结和动员全体教职工解放思想，营造使师生身心愉悦的物质和精神环境，锐意进取，深化改革，把师生的思想统一到发展这个主题上来，保证高等教育规模、速度，以和谐凝聚人心，以和谐团结力量，这样可以确保高校的所有事务都能全面、和谐且持续发展。建设和谐社会离不开良好的育人环境，为了推动社会在物质、精神和政治三个层面的文明进步，高校应当创建一个和谐的育人环境，并在培育具有中国特色的社会主义建设者和未来领导者方面，肩负起历史使命。同时，高校也要成为弘扬中华优秀传统文化、培育大学生科学文化素质的重要阵地，为建设和谐社会做出更大的贡献。

4. 激发校园创新活力的现实需要

高校作为国家在科技、文化和知识创新方面的重要基地，其创新活力不仅是学校活力的根本来源，也是推动学校持续发展和教育事业和谐发展，以及推动中华民族伟大复兴的基础条件。因此，激发校园创新活力对建设和谐社会具有重要意义。在实践中，广大教师的创新精神应当受到尊崇和保护；教师应当认识到学生之间的个性化差异，并给予他们应有的尊重和关心；创建和谐的育人氛围，营造出一种人人有追求、个个能成才的良好氛围；尊重所有对高校发展有益的创新意愿，支持各种创新活动，确保创新才能得到充分展现，持续提升高校的创新能力。

5. 实现校园安定有序的现实需要

和谐的环境培养美德，给人以前进的动力，促进人的全面发展和健康成长，而这正是培养合格人才的必要环境。高校的管理秩序、教学秩序和科研秩序的持续、连贯、平稳运行，高校教育、组织、管理效能的充分发挥，教师教书育人积极性和学生学习主动性的发挥，这一切都是以高校校园和谐为前提的。和谐高校育人环境的一个重要方面是校园安定有序，这已成为广大师生的现实需要。

二、当前影响高校育人环境和谐的主要问题

当前，我国高校虽然大局总体稳定，但也潜伏着一些不安定因素。建设和谐高校育人环境呈现出以下主要问题：

第一，因民主制度不够健全、依法治校落实不够到位而产生的问题，影响高校和谐氛围的营造。目前，我国高校改革已全面展开，在高校改革、转型、发展、建设过程中出台的一些政策措施还不够完善。同时，学校作出重大决策和制定规章制度，都是立足于学校整体状况的统筹考虑基础之上的，而在这个过程当中就难免会忽略一些细节，从而致使一些教职员工对学校整体情况不了解，对学校改革决策不理解。而这两方面问题的出现均说明了高校的民主和谐没有得到充分发扬。

第二，不诚信现象影响和谐高校育人环境的构建。高校部分师生的价值观念、评价标准出现了多元化倾向，这主要表现在世界观、人生观、价值观方面出现了偏差。

第三，因管理不够完善影响学校的秩序和团结。学校管理机构设置庞大，各职能部门彼此间存在信息交流不畅等问题；学科设置、人才培养、资源配置受到学院划分体制的制约；在“大而全”“小而全”观念的支配下，教育资源存在重复设置。

三、构建和谐高校育人环境新机制

当前，我们应密切结合高等教育建设工作的实际情况，把构建社会主义和谐社会的理论、方法、途径，引入构建和谐高校育人环境的实际中来，着力于构建高校平安、稳定、和谐的新机制，在源头治理上下功夫，在完善长效机制上下功夫。

（一）构建现代化教育新机制

学校的中心任务是教书育人。构建和谐高校育人环境，首先要构建和谐的教育体系，就是要按现代化教育的要求，营造和谐的育人氛围，促进师生之间、生生之间的关系良性互动；其次，让学生掌握如何生活、如何保持身体健康、如何学习和如何成为一个更好的人等知识和技能，从而提升他们的综合素质，促进他

们的全面成长，并构建一个现代化、和谐的高等教育新机制。在这一过程中，“教书育人”既是根本目标又是核心要求，同时也是一项艰巨复杂的系统工程。而推进“和谐教学”和“和谐德育”则是构建高校现代化和谐教育新机制的两个关键环节。

和谐教学意味着在教学活动中，教师确保教学过程中的各个要素的平衡，以及教学过程与教学环境之间始终保持一种和谐的状态，要把“以人为本”作为指导思想，遵循人本规律和客观规律，充分发挥每个人的潜能和积极性，实现个体与群体、个人与社会的协调统一。要构建和谐的教学环境，教师需要运用各种高效的教学手段，激发学生的好奇心，运用恰当方法调动学生学习的积极性。为了构建高效课堂教学模式，实现教学的和谐，教师需要妥善处理三种关系：

首先，主体与主导之间的关系。教育心理学研究表明，学生是认识活动的主体，也是学习的主人。教师应该始终站在学生的实际认知和全方位发展的角度，引导他们从被动地接受知识转向主动地探索和求知，充分调动起学生学习的积极性和主动性。

其次，学科与综合之间的关系。在教学过程中，教师必须跳出传统的学科思维，鼓励学生将各个学科的知识综合起来。

最后，理论与实践之间的关系。教师应该重视课堂教学与实践相结合，以学生的全面发展为核心目标。在教学过程中，教师应该引导学生更加关心自然、社会和人生，确保他们将所学的理论应用于实际生活中。

为了构建和谐的教学环境，教师还需要推广个性化的教学方法，以促进学生或整个学生群体在个性方面的自我平衡。鼓励教师运用其独特的人格魅力和教学方法来促进学生个性的全面发展；尊重学生主体地位，使每个学生都能得到充分发展，鼓励学生自主地表达他们的愿望；为学生提供多样化的途径、空间和自由，以便他们能够充分展示自己的特长和才能；强化因材施教的教学方法，激发学生主动学习的热情，并最大限度地发掘他们的内在潜质。

（二）构建人性化管理新机制

构建和谐高校育人环境应以人为本，校园管理应体现人文关怀。在高校这个“大家庭”里，人人都能体验到安全感、归属感、成就感，形成健康向上、和谐发展、安定有序、心情舒畅的环境。要确立高等教育全面、协调、自由、充分发展和良性互动、整体优化的教育理念，努力构建“以人为本，追求人和”的校园管理模式。

构建和谐的高校育人环境的核心目标是“和而不同”，其中“和”代表共性，“不同”代表个性，而“和而不同”则是共性和个性的融合。学校既要遵循国家的教育政策，又要拥有其特有的办学理念。构建和谐社会需要和谐校园。教师在教学过程中要重视教与学方式的多样化、个性化，体现出尊重差异、鼓励创新精神。在构建和谐的高校育人环境这一愿景中，所有的积极元素都得到了充分的激发，所有的力量都得到了充分的团结，所有的要素都充满了活力，所有的知识创新之源都得到了激活。

和谐管理是构建和谐高校教育环境的核心要素。高校是社会大系统中的子系统，要在一个健康的公共舆论和和谐的心理环境中，通过各种人际交流和多样化的主题活动，构建一个友好、民主、平等、进取的团队。这不仅有助于学生个性的全面发展，还能有效地培养和发挥他们的自我教育能力和自我管理能力。

坚持“以人为本”，促进人的全面和谐发展，是构建和谐高校育人环境的本质要求。人的身心是和谐发展的内在基础，要着力化解当前大学生的情感矛盾和心理危机。“以人为本”的教育理念强调以学生为核心，视育人为个人责任，并以全方位推动素质教育为主导思想。这一理念涉及教育、管理、服务等多个方面，旨在引导和促进所有学生的全面成长发展。

高校是培养高素质人才的摇篮，教师是高校里最重要的群体之一。只有教师对学生充满师爱，才能培养出高素质的人才。实行“以人为本”的管理理念意味着在高校的各项管理活动中，始终为学生提供关心和支持，坚持“平等、尊重、合作、发展”的核心价值观，用真诚对待每一个学生，用真挚的情感打动每一个学生，并用理性去说服他们。以人为本是现代社会的要求，也是教育事业不断向前推进的根本动力。高校应当充满爱心，而高校教师也应是有“俯首甘为孺子牛”的高尚情操，全心全意地为学生在学术、健康、精神和职业上的全面发展做出贡献。为了创建一个和谐的高校育人环境，高校需要确保拥有一个公平、公正和透明的发展环境，确保各类人才都能平等地成长，充分利用资源，使每个学生都能发挥其最大潜能，并得到应有的机会。

（三）构建文化育人新机制

和谐环境就是在一定社会政治、经济和科学文化等条件下所创造出的一种有利于大学生身心健康成长的良好氛围和人际关系状态。为了创建一个和谐的高校育人环境，高校需要丰富学生的日常生活，并建立一个新的和谐高校文化育人机制。校园文化是指学校长期培育和逐步形成的具有鲜明特色的群体意识、价值观念、道德规范、行为规范以及物质形态。构建和谐的高校育人环境离不开校园文化的塑造，也离不开一个充满活力的校园文化氛围。

高校要想让每一位师生在工作与学习中感到心情舒畅、精神振奋，就必须拥有优美和谐的校园环境。当学生走进校园，他们所看到和接触到的每一件事物都充满了美感，他们的身心都会感受到无法言喻的喜悦。走进校园，举目所见的是园林化、艺术化、人性化的校容校貌，一个干净、美观且和谐的学习环境，对于学生的道德修养和思想情感的培养都是非常有助益的。

校园的各种花草树木构成了一道独特的校园风景线，令人沉醉的绿意，不仅能给人以美的熏陶，也能给人以智慧的启迪，以及由此感受到的无穷的希望和力量。校园内精巧的布局、雅致的装饰、整洁的地面、优美的雕塑、艺术喷泉、鲜花草坪、壁画语录……净化、绿化、美化的校园环境作为文化的载体，默默地雕塑着学生的心灵，陶冶着学生的情操，让学生耳濡目染，感受学校生活的欢乐和谐。通过对校园环境进行艺术处理，把校园中那些富有时代感、人情味、亲和力的文化元素融入其中，从而使校园充满生机与活力。还可以通过开展丰富多彩的活动来提高学生参与学校管理和服务工作的积极性，从而为构建和谐校园创造良好的文化氛围。

在构建文化育人氛围时，高校必须认真对待非主流文化所带来的挑战。非主流文化以大众文化为基础，具有鲜明的时代特色，它们以不同方式渗透于大学校园之中，对当代大学生有着潜移默化的影响，主要包括宿舍文化、课桌文化、服装文化、网络文化、新新人类语言文化等。这些非主流文化的扩散和流行就像是一把双刃剑，对校园文化产生的影响既有正面的也有负面的。一方面，它为学校带来了新的活力与热情；另一方面，也对校园文化造成冲击甚至破坏。从正面影响来说，互联网为学生提供了一个便捷的平台，使他们能够更好地学习交流；高质量的动画和影视创作可以激发学生的创造力和想象力；课桌文化与宿舍文化为学生创造了一个及时释放情感的场所，从而避免了矛盾的出现和加剧。

人际关系也是高校文化育人的一个重要方面。构建和谐社会必须重视人际关系和谐，要实施公正公平的待遇，也要尊重和维护每个人的合法权益。领导干部都应与教师、学生和员工保持紧密的情感联系，实事求是、追求实际效果，全面实施尊重劳动、知识、人才和创新的原则，以形成一个团结协作、共同推动育人环境发展的积极氛围。构建和谐高校育人环境还需要建立良好的学风和校风。我们要倡导一种蓬勃向上的团队作风，一种脚踏实地的学习精神，将学风建设的目标指向“理想、团结、自强、成才”。团结奋进的校风和刻苦勤奋的学风能促使学生在良好的环境中成长。好的校风如春风化雨，吸引每个学子奋勇向前，为了理想而努力拼搏，从而打造和谐的教育氛围。

（四）构建科学化发展新机制

随着我国高等教育进入大众化时代，高等教育在快速发展的同时积累的问题和矛盾也日益显露，出现了种种不协调的现象，主要表现在一是办学指导思想需要进一步端正。目前我国高等教育还存在盲目追求过高的发展目标，定位不准等问题。二是经费投入滞后，与规模发展不适应。三是师资总量不足，结构性短缺较为突出。四是高校内部改革进展缓慢，影响了发展。校园是育人之所，师生共同成长成才离不开良好的校园环境。要实现校园的和谐，首要任务是促进其发展。和谐是发展的基石，与发展紧密相连，只有通过科学的方法，高校才能达到真正的和谐状态。以人为本是科学发展观最本质的特征，也是一切工作的出发点和落脚点。为了实现科学的发展，高校必须以科学发展观为指导，改变传统的发展观念，创新发展策略，提高发展质量，并确保发展策略的一致性。科学发展是内涵与外延协调统一、规模和结构优化组合、速度与效益相融合、人本思想和可持续发展相结合的全面发展。

为了实现和谐的发展，高校需要在教学、行政、后勤以及思想政治工作等多个子系统和要素之间进行全面的协调和平衡。这包括追求质量、效益、结构和规模的同步提升，以及在专业建设、干部队伍建设和校园文化建设方面同步推动教育教学改革和规范办学的深化，同时也要加强各项管理和思想政治工作。这是高校坚持以改革创新精神全面贯彻落实科学发展观的重要举措。

为了达到科学发展的目的，高校必须始终坚守“以人为本”的理念。高校所做的每一件事，其核心目标都是促进学生的全面成长和健康发展。只有坚持把育人放在首位，才能保证人才培养质量不断得到提升。在制定决策、安排工作以及确定方向的每一个步骤中，高校都应以学生的最佳利益为核心和目标。

为了实现科学发展，高校需要重视各方面的协调，并妥善处理几种关系：首先，确保改革、发展与稳定之间的平衡；其次，妥善平衡办学和服务之间的关系；再次，平衡规模、结构和质量三者之间的和谐发展关系；最后，平衡短期与长期的关系，通过科学的方式分析目标、距离和速度，以便准确把握发展进程的节奏。高校必须加强对质量的重视，不断强化关键专业、高质量课程和主要教材的建设，以持续提升教学水平；努力培养一支有实力的教师团队和高质量的管理团队；加强对学科的领导意识，集中有限的人力、物力和财力资源，培养一些具有优势的学科和专业；充分利用学科、工作和项目的独特性，开创独特的办学风格。

（五）构建法治化运作新机制

依法办学和依法治校不仅是推动依法治国基本战略的不可或缺的条件，也是深化教育改革、加速教育发展和推动教育法治建设的关键环节。加强社会主义法治建设，实现高等教育跨越式发展，离不开依法治校的有力保障。依法治校，既需要有完善的法律法规作保障，又离不开良好的法治环境作为依托。要想构建一个和谐的高校育人环境，必须建立一个依法运行、和谐发展的新机制，并通过法律手段来实现和谐。在这一基本原则下，才能营造出符合社会需要、促进学生成才、实现学校可持续发展的和谐高校育人环境要素体系。社会主义和谐高校育人环境，无疑是一个坚守正确办学理念、全面实施党和国家教育政策的学校环境。

为了构建和谐的法治环境，高校必须依法治校，坚持以人为本，促进人的全面发展，培养全面发展的社会主义建设者和接班人。根据相关的法律和法规，对办学活动进行规范，以防止侵权行为的出现；对学校内部的各种规章制度进行修订和完善，以确保它们与现有的法律法规保持一致，同时尊重学生的个性和独立人格，从而在校园内营造一个民主、法治、有序和稳定的和谐氛围。

制度是实施依法治校的前提和基础，没有完备而系统的制度作保障，就不可能形成良好的校风、学风。高校在其建设和发展过程中，必须将制度建设融入其中，构建和完善一个科学的制度框架，加强领导，创新工作流程，确保所有活动都有明确的制度支撑和指导。此外，还需要建立完善的决策执行机制和责任追究制度，加大对制度执行情况的监督力度，定期跟踪和反馈重要决策的执行情况，从制度层面确保决策执行的高质量和高效率，从而真正提高决策执行的科学性和民主性。

为了构建和谐的法治环境，强化法治教育是不可或缺的。高校应当将提升学生的法律认知作为培养人才的核心目标，并将其纳入整体的教育规划中。对大学生进行法律意识和诚信意识教育是高校思想政治工作的一项重要任务。以“学风”和“考风”为切入点，强化诚信教育，使学生行为更加规范。高校应根据大学生成长发展规律和特点，制定切实可行的培养方案，对大学生进行系统科学的法治宣传教育。

高校应该从“以人为本”的视角出发，将合理而有效的规章制度与人性化的管理方法有机地融合在一起，建立以学校领导为主体的全员全程全面管理制度体系。一个真正有效的制度必须得到严格的执行，并需要相应的保障措施，这不仅是构建和谐高校教育环境的关键环节，也是“以人为本”的管理理念的基石和保障。

（六）构建群体化责任新机制

为了构建和谐高校育人环境，高校必须鼓励各级参与、共同努力，采用多种方式和渠道，共同管理，形成一个集体参与的责任新机制，从而真正增强学校的执政和发展能力。没有一个好的领导集体，就不可能有一支高素质的干部队伍，更不能实现高水平办学。因此，要强化领导团队的建设并提升其领导与管理能力。学校的领导团队不仅是学校各项任务的策划者、组织者和领导者，而且只有在他们的正确指导下，全校师生才能达成共识、共同努力，并形成协同效应。

1. 后勤保障

和谐后勤建设是构建和谐高校育人环境的基础工程。后勤是高校办学和发展的基础，只有基础和谐，才能稳定发展。因此高校后勤工作要尽力体现“服务满意、环境友好”。要从学生“最急、最盼、最忧、最怨”的问题入手，把学生的呼声作为第一信号，急学生之所急、想学生之所想、办学生之所盼，认真研究就学、就业、就医等事关学生切身利益的问题；要重点建设好阳光食堂、温馨家园、整洁教室和通信畅通等主要工程；要以服务求和谐，以环境求和谐。

2. 平安校园

目前，高校的校园安全已经成为一个非常紧迫的议题。因此，学校应该成立专门负责“平安校园”建设的领导小组，明确相关责任人和目标，建立一个由各部门共同管理、广大师生共同参与的组织结构，以确保“平安校园”的建设能够有序、扎实地开展，从而维护校园的和谐稳定。为此，必须采取进一步增强思想政治教育的实效性，增强师生法律意识与维权意识，建立一支高素质的教师队伍，强化学生安全防范意识等措施来促进“平安校园”的创建工作。

高校必须严格建立责任制度、监督考核机制、重大情况报告制度和责任追究制。各部门、各单位的主要负责人要尽到自己的职责，层层落实责任制度；建立健全应急救援体系，强化对校园安全事故预防及处理工作的组织管理和指挥协调，制定切实可行的应对预案，明确各级责任人的职责权限，形成上下联动的防控网络；加大安全教育的力度，以增强学生的安全意识。确保高校的安全运行是教育、公安等相关部门和高校不可推卸的责任，同时，高校所在地的党委、政府、工商管理、文化、卫生以及主管单位和后勤服务企业也都应承担相应的责任。各个地方的党委、政府以及相关的部门和单位都应该各负其责，共同管理和监督，把安全保卫工作摆上重要议事日程，切实加强领导，重视校园附近环境的整体管理，共同努力保证校园的安全稳定。

3. 助学帮困

政府有责任设立各种奖学金和助学金，学校也需要建立一套针对经济困难大学生的认定机制，并设立专门的助学基金。同时，地方政府也需要负责助学贷款的相关工作，并构建一个多元化的资助渠道体系。

4. 学生就业

在毕业生就业方面，高校应当成立毕业生就业指导服务中心，将就业指导课程纳入教学大纲，并组织针对高校毕业生的就业招聘月活动，优化就业服务环境，提高服务质量。

5. 心理指导

要解决当前大学生面临的情感和心理问题，高校应该加强心理健康教育指导，学校应设立专门的心理健康教育机构，班级应设置心理委员，并建立大学生的心理健康档案。

第三章　新媒体视域下高校育人机制环境构建

新媒体的发展有力推动了高校育人工作的创新，拓展了高校育人的空间，丰富了高校育人的内容，改进了高校育人的方法。本章为新媒体视域下高校育人机制环境构建，介绍了新媒体视域下高校育人机制环境面临的挑战与机遇、新媒体视域下高校育人工作机制与规律分析、新媒体视域下高校育人体系建构、构建新媒体视域下高校合力育人机制环境。

第一节　新媒体视域下高校育人机制环境面临的挑战与机遇

随着新媒体的广泛传播，高校培养学生的传统舆论观念正在发生转变，引发了一系列新的舆论行为模式的出现。网络舆论具有传播速度快、影响范围大等特点，给高校育人工作带来了巨大机遇与挑战。

一、网络舆论生态下高校育人工作面临的挑战

网络舆论不仅为高校的育人工作提供了新的平台，丰富了育人机制的内容，同时也改变了传统的教育观念和认知方式，对高校的育人模式产生了冲击，使高校育人工作面临各种挑战。

（一）对教育内容的挑战

内容的基础特性是由时代所决定的。网络作为一种新媒体，在社会生活中发挥着越来越大的作用。网络舆论传播具有广泛性、互动性和开放性等特点，这使得网络舆论传播的信息载体具有无限的容量和多样的来源。网络传播既具有大众传媒强大的影响力，又有人际传播的灵活性和互动性，还能发挥政府和民间组织

的作用。尽管网络传播涵盖了大量的信息，但它仍然展现出了显著的集成特点：一方面，网络融合了众多传统媒体的特点，使得其他的媒体都能轻松地在网上分享信息；另一方面，集成化主要体现在对信息结构格式的处理上。这使得大学生能够通过搜索引擎找到他们感兴趣的网站和所需的文章或数据。

网络上的舆论信息质量参差不齐，这对大学生的信息处理能力构成了挑战。信息素养涉及人们在面对信息传播时应持有的正确观念、处理信息的能力和传播的心态，体现为一个人能够识别并处理各种不同类型的信息。信息处理能力指的是在特定的网络知识背景下，对信息的收集、筛选、鉴定、处理和应用等多方面的综合技能。随着互联网技术的飞速发展，网上信息资源也越来越丰富，这些都对当代大学生提出了新的要求，如何准确地获取、识别和处理信息成为高素质人才所必需的基础素质。

（二）对教育方式与方法的挑战

1．对传统教育理论言语说教带来挑战

在网络传播中，数字化被视为一个显著的特点。网络传播在改变着人们获取信息途径的同时，也使人类社会进入一个全新的网络时代——数字时代。数字化的独特之处不仅体现在信息的实时复制和传输上，更为关键的是，它提供了不同类型信息间转换的便利性，从而实现了不同类型信息之间的大规模生产、复制、流通和消费。观察网络传播的信息载体，可以看到它已经完成了从单一媒介到多种媒介的转变，这意味着现代的网络传播已经融合了文字、音频和动画等多种形式的媒体。多媒体所携带的信息既丰富又具有强烈的感染力，与传统的口头说教相比，其可接受性更高。这种情况下，网络传播对传统的说教教学方式提出了挑战。

2．对高校育人过程控制力带来挑战

高校育人工作过程控制指的是在整个育人过程中，根据既定的教育目标和标准，采用各种策略和手段，有序地进行组织、监控和修正，确保整个过程能够按照预定的方向进行并实现预期的效果。高校的人才培养工作是一个由多种社会因素和变量共同作用的复杂过程。在这一过程中，教育者和受教育者，以及教育内容、方法和环境等基础元素相互影响，形成了一系列复杂的互动关系。为了在高校中有效地实现教育目标并优化教育过程，高校必须主动地对各种可能的影响因素进行监管和调整，控制和抵制任何自发或消极的影响，并挖掘和加强主动和积极的影响，以确保教育在整个教育者过程中起到有效的主导作用。

虽然高校的校园网络已经实施了实名准入制度，但由于其独有的校园空间、现代化的开放传播途径以及特殊的舆论机制，校园内的舆论环境仍然较复杂。网络舆论在为高校学生提供便捷服务的同时，也成为学生思想政治教育新的切入点。网络舆论使得信息传播的主体和客体角色经常发生互换，在高校育人工作过程控制中起到了关键作用。网络在促进思想交流方面发挥着重要作用，同时也为大学生提供了新媒体使用平台，使其可以更便捷地获取信息资源。网络舆论具有更大的自由度，充满了各种不同的观点和意见，不同内容、类型的话语构成了一系列的信息包。这些信息包在网络空间里被广泛传播，使得舆论传播变得更加多样、分散和复杂，给高校育人工作过程控制也带来了困难。

3. 对高校育人工作者的主导地位产生了冲击

网络本质上拥有虚拟、自由和交互的属性，这导致了网络舆论表现出一种离散的特性。这种特性在一定程度上影响着网民群体之间相互监督与制约关系的建立。网络舆论的核心价值体现在为广大民众提供了表达意见的途径；此外，网络媒体作为最具包容性、交互性和人性化的传播工具，对立的观点始终是存在的。网络传播的主体非常广泛，而“把关人”相对较少，这导致网络舆论在传播和演变的过程中可能会朝着任何一个方向发展，使得原有的舆论可能产生多个相关甚至无关的论题。因此，如何对网络舆论形成有效引导就成了一件非常重要且复杂的事情。

（三）对教育空间与环境的挑战

随着网络的兴起，学生的生活空间得到了极大的拓展。网络传播是一个高度开放和自由化的系统，网络舆论的出现为大学生提供了丰富的信息来源，并为高等教育的教育工作创造了新的时空背景。

网络传播使大学生获得前所未有的话语权和知情权，为他们表达自己的意见和主张提供了广阔自由的空间。网络传播所展现出的自由和开放的特性，对大学生传统的校园生活方式产生了深远的影响。网络空间作为一个虚拟的空间，其存在的方式决定了大学生的思想和行为必然会产生许多与现实空间不同的思想道德心理问题。因此，要充分发挥高校教育空间对学生思想品德发展的作用就必须重视大学生日常生活中的网络道德教育，扩展与网络相关的教学内容。

二、网络舆论生态下的高校育人工作面临的机遇

在当前我国社会经济文化高速发展、互联网普及以及网民数量激增的背景下，网络舆论已成为大学生群体关注的焦点。通常情况下，积极的网络舆论氛围为高校的教育工作提供了一个有利的外部条件，从而促进了教育工作的顺利进行。

（一）丰富高校育人内容的重要依据

在高校中，网络舆论作为丰富育人内容的重要依据主要反映在以下两方面：

一方面，确定高校的育人内容主要基于两大准则：一是满足社会的需求，二是考虑到学生的身心特点。校园网络舆论反映了学生对校园及其周边事件的看法和反馈，这些舆论通常都带有特定的情感和态度。因此，它能客观地记录并反映当代大学生的思想观念及其变化发展过程。尽管这可能并不完全揭示其思维趋势，但利用这一途径，教师能够实时追踪大学生的思想趋势、热门话题的转变，从而深入了解大学生的真实思想状况。

另一方面，网络上的舆论始终作为一个传递工具承载了大量的信息，其中也包括了意识形态和文化元素。在这种背景下，高校育人工作人员对当代大学生进行思想政治教育时可以借助网络这一工具，根据对大学生思想动态的了解，来确定和调整教育内容，使其贴近现实生活。

（二）完善高校育人工作内容和方法的有效途径

1. 网络舆论对于完善高校育人工作方法有积极作用

（1）有助于实现自我“内省”教育

在高校的人才培养实践中，自我教育被证明是一种非常有效的策略。它不仅可以使个体从自身做起，而且能通过对他人进行引导，来影响别人。在网络舆论的大背景下，当一个人的片面的言论和大部分网民的看法发生冲突时，他往往会感受到来自大众的舆论压迫。这时，个体的思想情感和价值取向受到一定程度的影响，进而产生对自身行为或观念进行自我调整、修正的要求和欲望，促使个体进行“内省”。在此过程中，学生可以从群体视角审视自身行为，进而提升自己的素质。

（2）有助于高校育人工作者改进方法

校园网络舆论通常是由大学生对校园内外的各种事物或现象提出的观点和意见，其内容非常丰富，包括高校育人工作需要改进的方面。这些“网络民意”反映了大学生在维护个人权益、改善学校工作状况以及追求价值实现方面的实际需

求，并具备一定的理性价值。同时，这些“网络民意”也对高校教育管理工作产生了一定影响，如引发师生之间关于师生关系、学生管理等话题的激烈争论。因此，高校的思想政治工作者可以从这些建议中获得灵感，进而优化他们的教育方法。

2. 网络舆论表现形式的多样化迎合了大学生的心理特点

随着网络媒体的崛起，网络上的舆论形态相较于传统形式变得更加多样化和丰富。它以前所未有的广度、深度影响着当代大学生的思维方式、价值观念、道德行为等各个方面。在这个新的时代背景下，随着社会变得更加多样化和开放，新的观点和思想不断涌现。社会的快速发展和对人们多样化需求的尊重与满足，已经赋予了大学生强烈的求新意识。大学生可以通过互联网了解社会上的最新动态，并在网络论坛上发帖，创建个人播客，对社会的某个问题发表自己的观点，这显示了他们强烈的参与意识和主体意识，个性化的特点也得到了充分的体现。因此，网络舆论的多种展现方式满足了大学生的心理需求。

3. 网络舆论内容的丰富性满足了大学生的现实需要

互联网上的舆论素材异常丰富、包罗万象，其影响力是传统媒体无法比拟的。在这个新的时代背景下，由于社会生活变得越来越复杂，大学生不仅要面对学业上的压力，还要应对就业、日常生活和情感上的挑战，因此他们有着多种多样的实际需求。高校必须加强对大学生网络舆论引导工作，及时了解和掌握大学生群体中存在的各种问题。网络舆论凭借其即时性、用户友好性和交互性等独特属性，毫无疑问地成了大学生在教育、生活和求职等多个领域获取与自己紧密相关信息的一个相对方便的渠道。

（三）提升高校育人工作效果

高校的育人过程是教育者基于特定的社会道德标准和学生的道德发展规律，对学生进行有目标、有策略、有组织的教育干预，从而激发学生的内在思想冲突，进而培养出社会期望的道德品质。在这个过程中，受教育者会受到各种不同程度的思想品德因素的制约。通常来说，高校育人工作过程主要分为三个主要阶段：内化、外化以及反馈。

1. 网络舆论环境有助于内化阶段的进行

内化指的是受教育者如何将社会所追求的道德观念转变为他们的个人意识。在传统教育模式下，这一过程受主观条件、客观环境以及外界因素等多方面的影响，并通过受教育者的实践活动来完成。在网络时代，受教育者不再被视为被动接受者，而是作为主体参与到学习活动之中。网络传播的平等性强调了大学生的主体性和同质性，且网络舆论具有群体效应，使得内化阶段也更为顺利。

2. 网络舆论环境有助于外化阶段的进行

外化指的是在高校教育工作者的协助下，学生将他们已经建立的道德观念转变为实际的行为模式。群体言行对个体的心理和行为产生着巨大的作用。这种外部的言语和行为所带来的影响并不是强行或明显的，舆论恰恰是这种外部影响的最好展现，一个健康的舆论环境有助于学生的外化。

3. 网络舆论环境有助于反馈阶段的进行

反馈的核心意义在于教育者对学生在高等教育中的教育效果进行深入的评价和检查，并据此做出相应的调整。科学的评估对高校育人工作的进行是很关键的。高校育人工作效果可以通过多种方式展现，但直接的评估方法存在一定的挑战。从某种意义上讲，教育对象是以一种动态发展着的形式出现的，他总是不断地与外界发生联系并获得信息和经验。网络传播为学生创造了一个开放且虚拟的空间，学生的内化和外化效果如何，可以通过他们的言语和行为得到体现。因此，在网络舆论的背景下，反馈阶段得以顺利进行。

第二节　新媒体视域下高校育人工作机制与规律分析

一、网络舆论环境与高校育人工作机制

（一）网络舆论环境

高校在实施育人工作时，应充分考虑网络舆论环境的影响。高校大学生在日常生活中往往会接收到来自网络的各种观点和声音，这为高校开展育人工作提供了比较和学习的机会，同时也对高校育人的方向和目标产生了一定的负面影响。随着现代传媒的迅速发展，信息传播速度明显提升，各种观点相互碰撞融合，深刻影响着人们的思维和观念。因此，要实现高校的育人工作目标，就需要准确把握社会舆论以及对应的网络舆论环境，同时全面理解网络舆论环境对教育工作的影响方式、机制等基本规律，对其保持高度警惕，以免其对学生产生严重的负面影响。

1. 网络舆论环境在高校育人工作中的意义

网络时代，人无法脱离网络舆论环境生存，在生活中总是持续传递和接收着各种网络舆论信息。个人的思维和行为受到网络舆论环境的影响，这种影响呈现出了复杂性和综合性的特征。网络舆论以不同于其他社会意识形式的独特形式，在社会环境中发挥着至关重要的作用。作为一种强大的精神力量，它能够迅速直接地反映和影响社会，能够干扰甚至是影响历史进程。

首先，网络舆论反映了某一时期人们的思想意识，能够为高校的育人工作提供参考依据。人们的观念是受到他们所处的社会环境影响的。网络舆论是人们用来表达看法的重要手段，可以展现他们对社会议题的态度变化，同时也能够呈现特定社会群体的诉求。网络舆论在缓和社会矛盾、减轻社会内部压力方面发挥着重要作用，是维护社会稳定的关键因素之一。这一作用尤其在社会结构不稳定的时期最为显著，当社会发生转型或变动时，利益关系会被重新调整，各种意识形态和文化争奇斗艳，各种网络舆论迅速涌现，网络舆论环境也会随之呈现出剧烈的变化。尽管人们表达的舆论内容各不相同，但同样都能反映出他们自身的思想。也正是因为这一原因，政治家和社会活动家会密切关注公共舆论领域，从中获取人们的真实感受，并据此来调整育人工作的目标、内容和方式。

其次，网络舆论作为意识的体现，不仅能够将人们的思想反映出来，还能够反作用于人们的思想，同时也会对高校的育人工作产生实质性影响。网络舆论的这一性质一方面会体现在其形成过程中。作为人类的本质属性之一，社会性使得个人的想法和行为总会在人际交往过程中受到他人的影响。为了赢得更多人的认同和支持，个人会积极努力影响他人，推动观念交流和思想碰撞的发生。通过相互沟通和相互作用，集合意识便会逐渐萌生。需要强调的是，集合意识并非机械地将全部个体的思想进行收集、拼凑。在集合意识的环境中，个体意识并非单独存在，个人意识的主体将作为表现社会集体思想的单元，在与他人的交往中，使个人意识与他人意识互相影响、渗透，最终一起融入集合意识，形成社会共识，使得网络舆论成为能够反映社会共识的主要手段。另一方面，这一性质反映在网络舆论形成后，集合意识呈现出权威性和趋同性。鉴于“自律”和“他律”的存在，个人的想法和行为会受到社会风气的影响。前者是指个体根据网络舆论，在未受到社会要求的情况下，自觉地控制自己的思维和行为。后者是指在社会中，个体的行为和言论等方面受到群体压力和网络舆论的影响，被迫接受网络舆论的权威来规范自己的行为。社会集合意识在形成后，便具备了一种无形的权威。人们往往会希望他们的观点能与主流观点一致，因此可能会下意识地产生跟随主流观点的态度，在不知不觉中受到公众舆论的影响。

最后，网络舆论环境在评估高校育人工作的效果方面扮演着重要的角色。高校育人工作的一切活动，最终会归结到高校育人工作效果的评估。评估教育效果，可以帮助高校育人主体对已经落实和正在落实过程中的活动进行全面的了解和评估。通过总结、持续改进，高校育人主体能够及时优化过往的不足，确保后续活动的顺利进行。需要强调的是，育人环境是一种多变、复杂且系统的环境，这也影响了育人工作的进行，使育人成效表现出不确定性。育人工作中有时还会出现一些不易被发现，且具有联动性的育人成果，高校育人人员往往无法敏锐地察觉其存在。因此，对于高校育人主体来说，育人效果的准确评估也是一项艰巨的任务。这种情况下，网络舆论环境的参考作用就对育人评估工作至关重要。

2. 网络舆论功能的双重性

网络舆论和其组成的网络舆论体系不断地塑造着社会，对人们的思想和行为产生着持续的影响。这种客观的影响可以反映出网络舆论的社会功能，该功能具有双重性：当网络舆论风向与社会整体发展需求相符时，网络舆论便有助于推动社会进步和促进人的发展；相反，如果网络舆论的风向与社会发展的趋势不一致，网络舆论就可能对社会的进步和个人的成长产生负面甚至破坏性的影响。网络舆论的正功能与负功能在此规律中可见一斑。无论是网络舆论正功能的发挥还是负功能的发挥，我们都能发现其与网络舆论的环境性质保持着一致的方向。因此，集合意识的积极与消极将成为判断社会机制是否能够有效运转的一个重要因素。

作为社会运行系统的一部分，高校的育人工作必然会受到网络舆论环境的影响。对于高校育人工作的开展来说，正面的舆论环境包括两层含义：一是集合意识顺应了社会发展的客观规律，能够代表大众的利益，反映了公众心声，预示着社会发展的未来方向。只有遵循社会发展必然趋势的网络舆论环境才是符合时代潮流的。该网络舆论对社会积极、有利，社会发展往往呈现出欣欣向荣的趋势。二是集合意识有利于高校实现育人目标，其方向与高校育人的内容、任务一致。与之一致的舆论环境能够为育人工作的开展营造有利的外部条件，为育人工作的推进奠定有益的基础。此外，网络舆论环境的好坏能够直接影响育人主体的心态，进而影响到受教育者的接受效果。方向一致、内核坚定的“意见环境”有利于帮助受教育者内化所学知识，减少育人工作中学生的思想阻力和情感负担，从而促进目标教学效果的实现。

同样，负面的网络舆论环境也包括两层含义，一是集合意识违背了社会发展的客观规律，只代表了特定人和集团的利益，与社会发展的未来方向背道而驰。

这种网络舆论环境削弱了社会进步的动力，破坏了社会秩序，给社会带来了严重威胁，往往会导致社会规则体系的崩溃，还会显著激化社会矛盾。二是集合意识与高校育人工作的目标、方向、内容和任务之间存在明显的不一致，甚至存在相互冲突的情况。这种网络舆论环境中往往会出现各种偏见层出不穷、价值取向混乱不堪、谣言泛滥、网络暴力等情况。舆论分歧、舆论困惑、舆论冲突频繁是该负面舆论环境的典型特征。在这种情况下，高校育人工作也会失去其主体价值，正确的价值与观点往往会遭受批判和斗争，严重阻碍了育人工作的开展。在这种无方向、迷茫的“意见环境”中，受教育者常常一意孤行，较为排斥育人主体的思想教育，进而也会阻遏目标教学效果的实现。显而易见的是，上述网络舆论环境对高校育人工作开展造成了极大的阻力，是对高校育人工作的挑战。

3. 网络舆论环境是高校育人工作的重要环境和内容

需要强调的是，由于网络的开放性，校园网络和校外网络的舆论氛围是互相渗透、相互影响的，二者并非完全孤立的环境和独立的平台。校园网络舆论环境既具备网络舆论环境的一般性结构和特征，又具有自身的特殊性。

（1）校园网络舆论环境是高校育人工作机制环境的重要组成部分

梳理高校育人工作机制环境的类别，能够帮助人们深入研究高校育人工作机制环境的组成，进而为改善高校育人工作提供理论指导，促进舆论环境的改善。目前，学者们对高校的育人工作机制环境进行了分类，并从不同角度进行了研究，产生了许多不同的见解。

从本质上讲，人的存在也就是人的现实生活过程，涉及多种社会关系的凝聚。人的思想观念成熟与否与其所处的社会环境息息相关。在高校育人工作中，这里的社会环境便是高校育人工作的机制环境，其可根据环境构成的因素划分为社会物质环境和社会精神环境。前者是指所有对高校育人工作产生影响的物质因素的综合，包括自然环境和社会经济环境等。后者是指对高校育人工作具有重要影响的各种精神因素的综合体，涉及制度、舆论、精神文化等多个方面。其中舆论环境由大众传媒环境和社会舆论环境组成。对于高校育人工作机制环境来说，舆论环境是其不可缺少的一部分，能够通过对精神的影响作用到高校育人的工作中。

（2）校园网络舆论环境分类

对校园网络舆论环境的分类研究，可以帮助高校管理校园网络舆论，从而提高高校育人工作的针对性和有效性。根据表现形式的不同，可以将校园网络舆论环境分为显性舆论环境和潜在舆论环境两类。所谓显性舆论环境，指的是由各种鲜明、系统且一致的意见在特定范围内形成的舆论格局。显性舆论环境表现为一种具有完整的意识形态的社会共识，可能源自隐性舆论环境的演变或受到强烈刺激的舆论客体。不同于显性舆论环境的集中和明显特征，潜在舆论环境是隐蔽和分散的，由各种片段化和微弱的舆论组成，呈现出无章可循的混乱状态，舆论主体的表达也没有规律。这时的舆论比较混沌，正处于社会的潜伏期。通过研究可能出现的舆论环境趋势，我们可以更好地了解舆论发展的变化，及时采取相应的引导和管理措施，以预防消极的显性舆论氛围的形成。网络舆论环境多数是潜在舆论环境。

根据效果不同，可将舆论环境分为正向舆论环境和负向舆论环境两类。前者是能够促进社会进步，符合社会发展趋势的舆论氛围，有助于人们受到积极影响。在高校进行育人工作时，舆论环境正向的社会观点、态度和情绪对工作目标和任务没有明显冲突，反而具有支持和协调的作用。这种舆论环境明显有助于高校进行学生培养工作，并为其提供了良好的基础和外部条件。负向舆论环境是指一种与当下社会的主流价值观相悖的舆论氛围，其突出特征是负面和消极的舆论占据了支配地位。它是由敌对态度和心理因素等多种复杂因素引起的。负向舆论环境的舆论主体往往通过歪曲事实、忽视科学规律、违反主流社会价值观等方式，对社会个人和群体利益造成损害，扰乱正常秩序。这种舆论环境给高校完成育人使命带来了严重的不良影响。

（二）高校育人工作机制

“机制”一词最初是自然科学领域中的一个术语，用于描述事物或自然现象的内在结构和相互作用的方式、规律和功能。后来，社会科学领域也逐渐开始采用该概念，用以描述社会结构、组织内部结构以及二者运行的过程和原理，或者用以描述社会政治、经济、文化活动中各要素之间的相互作用、运行过程和它们带来的影响。

1. 基本工作机制

高校育人工作机制指的是高校育人工作中各个要素之间相互作用、相互影响并运行的方式和规律。高校育人工作是一个不断演进和变动的过程，是一个持续运行的动态系统，既能够受到外部环境的影响，又有自身的内在发展逻辑。通过研究网络舆论传播对高校育人工作的影响，我们可以更全面地认识高校育人工作的整体性、动态性，进而深入研究高校育人工作在特定环境下的规律，提升其实际效果，更有效地解决实际问题。

开展育人工作时，网络舆论环境的作用机制重点在于整合和解构传统主导的价值体系。而舆论是传统主导价值体系发生变化的媒介，换言之，在社会价值体系变动的过程中，各种舆论纷繁复杂的网络舆论环境扮演着至关重要的角色。一方面，舆论是一种表层意识，影响着意识形态的形成。舆论来自人们对生活体验的直接感受和展示，持续记录着社会各领域最新的变化，所以被视为研究意识形态时的参考，为道德、科学、政治、法律等领域深层意识的产生奠定基础。有学者认为，表层意识向深层意识的不断转化，二者若即若离地完美结合，不断构筑社会意识形态的最新视野，直至产生一个完整的、崭新的意识形态体。我们能够从这一观点中深刻地体会到舆论的意识形态价值。另一方面，舆论能够对社会的价值取向产生直接影响，促进了价值观念的统一和建构。它通过对社会现象和行为的评价活动来对社会现象和行为产生影响，进而提倡被社会广泛接受的事物和现象，或者抑制被社会广泛否定的事物和现象。“舆论也反作用于意识形态，有时，甚至突破原有的意识形态，开辟新的认知领域。”① 舆论能够整合与解构价值体系，进而影响社会意识形态的形成。也正因为如此，引导舆论对社会的发展至关重要。如果网络舆论没有得到正确引导，甚至背离了社会进步的方向，可能会导致道德、信仰和法治观念在社会中的缺失，进而干扰社会价值体系的稳定、规律的运行。

不同于高校育人工作机制环境，网络舆论环境功能的发挥利用网络传播、舆论作用的相关规律来完成。因此，网络舆论环境对大学生的思想和行为产生影响的机制主要涉及舆论作用机制和网络传播特性。

2. 网络舆论环境的作用机制

（1）群体效应的影响

群体效应指的是当有影响力和号召力的网络言论出现后，群体的成员逐渐开始模仿，表现出相似的言行举止和与群体价值观接近的思考方式。大学生容易受网络舆论群体效应影响的主要原因是，他们个人的目标和利益与群体的目标和利益有相似之处，这导致群体言论成了他们实现个人目标和利益的一种途径。除此之外，通常来说，群体的力量比个人的力量要强大得多，融入某个群体可以让个体在表达意见时不再感到孤立无援。群体成员往往会受到来自群体的精神鼓励，且能够借由交流活动实现自身思想的完善和进步。群体效应对大学生的影响体现在以下几个方面：第一，群体效应能够让大学生感受到强烈的认同感。具有较高凝聚力的群体，通常在重大问题和价值评判标准上拥有相似的看法和评价。这种价值观念通常会借由网络舆论引发成员之间思想的互动和融合，从而使大学生形

① 刘建明，纪忠慧，王莉丽. 舆论学概论[M]. 北京：中国传媒大学出版社，2009.

成对特定事件的共同理解。随后，这种共同理解会在社群中逐渐传播开来，使得其他成员在不知不觉中受到群体共识的影响。第二，群体效应能够让大学生感受到群体归属感。人类是群居动物，在寻求归属感和社会认同的过程中，个体会对群体产生强烈的情感依恋和情绪反应。大学阶段是人类社会化的重要时期，在这期间，大学生的自我意识和成长意识逐渐增强，在心智上逐渐成熟，开始对社会问题抒发自身独特的观点。与此同时，大学生也会产生结交志同道合的朋友的渴望，在这种情况下，他们往往会借由网络寻找和他们有共同思想的群体。第三，群体效应能够让大学生感受到力量感。当大学生与群体共识一致时，他们会更有信心和能力参与各种活动，“群体默许”和“群体合法化”为大学生传递群体价值观念树立了信心。

（2）聚扩效应的影响

校园网络舆论在形成和发展的过程中，常会表现出“聚扩效应”。当某种有影响力的网络舆论开始流行时，周围持有类似观点的人会逐渐加强并传播这种舆论，最终将其确立为舆论核心，通过其吸引、融合其他意见。在吸引、融合其他意见的过程中，舆论核心会不断外扩，当在人群密集区域传播时，舆论核心的影响力会得到成倍的强化，它本身涵盖的价值观和意识形态的影响也会随之获得深化。高校是高素质人才聚集地，大学生有着共同的利益和目标。他们经常参与社会问题的讨论和交流，校园网络是他们主要的沟通平台，他们借助校园网络分享想法和获取知识。在这种情况下，无论是国际事件还是校园琐事，都会在校园网络上引发讨论。通常情况下，在讨论过程中形成的舆论表达会包含学生的情绪与价值取向，如果这种舆论具有较大的影响力和说服力，就会引发广泛的“聚扩效应”，进而影响其他学生的思维和行为。

（3）“意见领袖”的影响

“意见领袖”是指在社会上具有显著影响力，能够提出具有指导性见解的人，也常被称为“舆论领袖”。舆论的塑造通常需要领袖人物来引导。相较于一般舆论民众，“舆论领袖”通常拥有广泛的知识和较高的声誉，能够提出意见。作为代表大众的人，他们通常能提出全面而独到的看法。在大学校园中，“意见领袖”的效应具有以下两个特点：一是“意见领袖”具有少数性的特点。尽管大多数大学生都会参与网络舆论活动，但只有少数人能够真正积极地投入其中。那些积极参与校园热门话题、善于捕捉学习生活细节、并能够带动广泛讨论的个体通常被认为是校园网络舆论环境中的“意见领袖”。二是“意见领袖的引导效应”具有广泛性。尽管校园网络中只有数量较少的“意见领袖”，但这些人往往知识渊博、视野开阔、表达犀利、分析透彻，他们身上的特质能够对大多数学生产生吸引力，故而影响大多数学生的思维和行动。特别是在校园发生重大事件并引起公众关注时，校园“意见领袖”的观点更能激发群体思考、扩大舆论态势，并最终形成特定的主导舆论。鉴于校园中的“意见领袖”通常具有引导校园网络舆论方向的能力，他们自身的素质会对舆论环境产生影响，高校育人工作队伍应当重点培养并吸纳“意见领袖”。

（4）“沉默的螺旋”的影响

“沉默的螺旋”效应重点表现为传播媒介对公众舆论的塑造和约束作用。校园网络舆论的传播呈现出“螺旋式”的传播规律。大学生在参与网络舆论活动时，在容易获取支持的情况下通常更喜欢积极回复，而在面对敌意或批评时则倾向于保持缄默。这是因为大学生在自身的意见处于弱势时，担心自己会因为与主流不一致的看法而遭到周围人的反对与打击。当一方选择保持沉默时，另一方的观点会逐渐得到更多支持，使得那些支持者的声音更加显著。这种趋势会导致更多持有其他观点的人选择保持沉默。随着时间的推移，一方的看法和观点变得越来越主流，而另一方则逐渐失声。这种情况不断循环，持续加剧，进而使得校园网络舆论环境中出现“沉默的螺旋”效应，这种效应会发生于任何存在主导言论的环境。校园网络舆论场中出现的“一边倒”现象和“雪崩”现象都与“沉默的螺旋”效应息息相关。从社会控制的角度来看，社会的意见不一定会准确地反映在传播媒介创造的“意见环境”中。一般社会成员甚至对于这种“意见环境”的存在一无所知。在这种情况下，操纵“意见环境”可能会变成少数人支配社会舆论的手段，同时也为谣言、诋毁等非理性现象的传播创造了条件。因此，高校育人工作者亟须思考如何善用校园网络媒介的积极影响，并将这种积极影响辐射进现实中。

（5）“议程设置”效应的影响

“议程设置”效应重点表现为舆论媒介对报道议题的焦点进行选定，塑造公众关注的重点议题，引发公众反应，并进而影响他们的态度、信仰和行为表现。校园网络舆论受到“议程设置”机制的影响，从而影响并塑造着个体的价值观。对于大学生来说，他们通常情况下会在校园网络中就社会热点展开讨论，相互交换看法，并努力达成一致的群体共识。在这一过程中，传播媒介的好坏、议题后续解决方案、议题设置是否科学等都会影响议题设置的效应。随着网络传播的发展，人们可以绕过传统媒体的限制获取信息。在处理校园网络议题时，主张坚持公开透明的原则很重要，对信息的封锁代表着将舆论主动权拱手让人。我们可以通过设置议题的类型和优先级来保证议题设置的科学性。高校育人主体在进行议题设置时，应该基于大学生目前所面对的思想挑战和兴趣点来确立。从某种意义上讲，议题的设置也就代表着针对特定议题的特殊辩论平台的形成，各种观点和思维方式都将在大学网络中展开。如何有的放矢地对待校园网络平台上的言论，并开展育人工作，对大学生参与舆论活动的主动性来说有着重要的意义。因此，高校在开展育人工作时，应当及时制定合理的议题，借此引导大学生关注特定的问题，进而培养他们的认知水平，从而塑造他们的思想和行为。

3. 网络传播的基本特性

网络传播的基本特性使得网络传播能够增进意见传播的速度和影响力，并能够对人们培养自身的交流、融合意见的能力产生积极的影响。网络传播的虚拟特征使其同时为不同意见的持有者提供了表达和发声的平台。网络通过公正、包容和自由的交流和对话方式，使得舆论传播的效果得到了改善，使得其信息传播的能力超越了所有传统媒体。

（1）网络传播的开放性

网络传播系统的开放性体现在其具有高度的全球互联性和开放性。从技术上讲，网络传播系统不仅支持所有的电脑都联网，还可以通过相关协议在不同网络之间共享信息、传输数据和进行交流。互联网的普及使得信息传播已经突破了国家和地域的限制，呈现出一种全球化的趋势。随着时代的发展，不同交流语言的通识程度逐渐变强，多语言服务也越来越进步，传播的边界正向外延展，传播的领域变得愈加广泛和开放。在全球开放的传播领域下，没有一个国家能够完全掌控网络传播。

（2）网络传播的平等性

网络传播的平等性是针对传播主体的层面提出的。在网络传播中，每个参与者都有平等交流的机会和权利，他们在网络中传播的信息不会因为国界、民族、身份等被区别对待。在虚拟社交平台上，用户的真实身份得以隐匿，一旦连接到互联网，所有用户的地位都是平等的。

二、网络舆论环境下高校育人工作的规律分析

规律是指事物内部各个要素之间存在的必然的、本质层面上的联系，规律能够帮我们预测事物的发展趋势。高校育人工作是有计划和目标的教育实践活动，同时也遵循着一定的规律。这些规律使得高校育人工作形成了层次丰富的体系。

高校育人工作过程的具体规律，是指在育人过程中，各个要素之间相互联系、相互作用，表现出的内在的联系和矛盾的动态趋势。网络舆论的传播方式对高校育人工作产生了影响，使得育人工作呈现出教育时空延伸和重合规律、教育过程双向互动规律、教育过程“去中心化”规律、教育过程拉伸规律等。

（一）教育时空延伸和重合规律

在传播过程中，网络呈现出超时空性。这一性质使得每个上网用户都能随时通过网络与世界各地的人进行信息交流，网络通信已经突破了传统的时空限制。时间和空间在哲学中被视为代表物质存在方式的范畴。对于某种物质来说，时间能够描述其运动中的持续性和顺序性，空间则可以描述其运动的广延性。时间和空间与物质的运动息息相关，均具有客观性，不会受到人类意愿的影响。对于高校育人的工作来说，时间和空间是其开展的不可或缺的具体要素，而二者的形态和结构会受到人类科技发展的影响。正如一些学者认为：不同的媒介赋予了不同的时间和空间。传播媒介的改变将会使传播主体感受到的时空发生变化，进而影响人们之间的互动方式。

人类社会的发展进程表明，每一次重大科技突破和新技术兴起都会引发生活和社会结构的变化，从而影响人们的交流方式和生存环境，重新塑造人类对时间和空间的认知。这种科技突破和新技术的兴起以互联网为典范，促进了数字化传播的发展。网络独有的技术特征正在逐渐改变着社会环境和生活场景，逐渐塑造出一种全新的社会空间和社会结构。现代社会的时间和空间似乎变得抽离化或者说“虚化”，不再受限于特定的地点，而展现出一种超越地理位置的全新社会动态，由此产生了特殊的空间——虚拟空间。现实空间是指人类所处的物质世界，涉及所有实体和现象在宇宙中的存在。现实空间拥有复杂的结构和功能，是人类生活环境和认知的核心。而虚拟空间则涉及数码计算和传输技术在多维空间中的广泛应用。与现实空间相比，虚拟空间也具有复杂的组织结构和信息传输体系，但与之不同的是，数字思维规律是虚拟空间的运行机制。

虚拟空间是部分现实空间和部分思维空间的数字化表现，在某种程度上独立于现实世界，但能够对现实世界产生巨大且根本性的影响。实际上，现实空间存在的时间比人类存在的时间更长。而虚拟空间是随着人类社会进步演变而产生的，它是人类存在领域的延伸。虚拟空间和现实空间彼此独立但相互影响，可以干扰对方的发展。

随着网络的普及，高校育人工作的开展在时间和空间上更具有灵活性，其时空弹性被大大增强。网络传播使得高校育人工作不再受限于时间、空间，能够迈入更广阔的世界，触及更广泛的群体。具体表现：一方面，网络传播解决了教育活动因时间和地理位置而受限制的问题，使得高校在各种不同时间和地点都可以开展育人工作。另一方面，网络虚拟空间正逐渐成为高校开展育人工作的重要新领域。网络空间以数字形式重现并模拟了真实社会生活的环境，构建了一个供人们互动的虚拟社交世界。虚拟指的是一种非实体的存在形式，这一概念是相对于真实世界中依赖物理存在感知的真实而言的。物质世界的真实性在哲学层面的依据是"世界是由物质构成的"。若将信息视为构成世界的单元，那么虚拟世界也具有真实性。虚拟社交世界融合了物理空间的元素和人们心灵世界的元素，形成了一个独特的空间。它开拓了人类的生存领域，帮助人们在多个维度和层面上生存；带领人们踏入神奇的拟象世界，在探索世界的同时，发现和实现内在的自我。随着人们逐渐习惯虚拟化的生活方式，真实世界将无可避免地与虚拟世界融为一体，成为拟象世界的一部分。需要强调的是，无论虚拟空间扩展到何种程度，它都是现实空间的映射，二者互相交织，虚拟空间始终都留有现实空间的痕迹。

（二）教育过程双向互动规律

在传播过程中，网络呈现出交互性特征。网络传播与传统传播方式不同，它允许双向交流和实时互动，而非单向、异步传播。交互性的信息交流方式，其特点在于可以实时进行互动，涉及人和机器之间的互动，以及通过机器进行的人际互动等。通过机器进行的人际互动对人类的生存和社会交往方式产生了深远影响，具有跨时代的革命意义。在传播学中，交互性代表着每个参与者都同时是信息的接收者和发送者。当今社会人们社交能力的明显提升，得益于网络传播的交互性。网络连接了有相同兴趣的人，打破了时间和地域的限制，让他们可以聚在一起交流和分享信息。

网络传播促进了各个领域间的多元互动，使得领域间产生了复杂而纷繁的联系。在网络舆论的影响下，高校的育人工作也遵循双向互动规律，具体表现为在网络传播环境中，教育者和受教育者之间的互动培养工作也是一个相互影响、相互促进、相辅相成的过程。高校育人工作中的双向互动有两层含义：第一，教育者和受教育者都是具备主观能动性的主体，教育者引导、指导，学生积极回应，教育活动以二者之间的互动为基础，彼此的行为能够相互作用。从这一层面上来说，教育活动也是各个主体之间的互动过程。在这个过程中，教育者和受教育者尽管拥有着不同的地位和角色，但二者之间依然相互协调和影响。第二，高校的育人工作在网络传播中呈现出互动性。网络传播打破了传统的单向传递信息的模式，实现了双向互动和平等互动。在这种互动模式下，信息沿同一传播路径来回传播，传播过程中传播者和接收者的身份交替，教育者的角色与受教育者的角色也发生重合。这种互动性明显增加了主体之间信息交流的积极性和主动性，同时也丰富了教育资源和教育工具的多样性。

（三）教育过程“去中心化”规律

网络传播呈现出明显的“去中心化”倾向。“去中心化”规律涉及技术上的无中心化逻辑、信息传播主体的隐匿以及网民的去中心化认知。首先，网络技术实质上就是一种不受中心控制的技术。所有技术只要存在便都会具有一定程度上的文化意义。历史上，网络技术曾经从隔离向兼容演进、从中心到去中心化演进，体现了突破限制、削弱中心化的发展思想。其次，信息传播主体的隐匿。网络传播的普及使得网民在形成舆论和获取信息方面扮演着更为重要的角色，“把关人”的存在不再重要，网民开始更加独立地筛选所关注的意见和信息，积极参与舆论的塑造。在互联网上，每个人都有自由发表信息和观点的权利，这使得信息传播拥有更多元化的主体，变得更加广泛和分散化。最后，网民的去中心化认知。在传统媒体传播的过程中，一直有着中心力量的介入。中心传播的目的是向周围人群传播特定的信息。而网络以开放性著称，其用户更注重信息和观点本身，对权威持审慎态度，呈现出明显的去中心化思维。“去中心化”这个术语现在在社会学领域被广泛引用，它描述的是原本实行中心化控制的系统正在向分布式控制转变，从而使“中心—边缘”结构逐渐消失。与此同时，“去中心化”的过程也就意味着结构变得更为扁平和多元化。在哲学领域中，“中心化”本质上代表着一种“压迫”机制，而“去中心化”则是消除这种“压迫”。

在人类教育史上，存在着两种主要的“中心化”教育模式，一种是以教师为中心，另一种是以学生为中心。传统的、由教师主导的教学模式通常拥有稳定的教学结构，拥有通畅但并不活跃的信息路径，这一教学模式往往会导致学生压抑真实个性，使其个性向着被扭曲的方向或者一般化的方向发展。为了改变这一教育的现状，以学生为中心的教育模式应运而生。以学生为中心的教育模式为受教育者提供了更多自由度，充分释放了学生的个性。然而，这种模式的不足之处在于其稳定性不如以往，一些学生可能会过度自由和放纵，进而引发教学环境的混乱，影响教育活动的开展。需要注意的是，“中心化”结构的形成通常受到了多种复杂因素的影响。传播学领域认为，中心化的产生可以解释为信息的不平等导致的结果。在信息传播的过程中，一个人拥有的信息性质、种类和数量将决定他在传播中的角色和地位。

在传统的高校育人工作中，教育机构和教师拥有丰富的教学资源，教师通常是知识、权力和话语的主导者，在育人工作中处于主导和优势地位，而学生则处于被动接收内容的状态，育人工作被看作一种单向的传授过程。随着网络的普及，教育者可以自由选择他们感兴趣的主题，在互联网上获取种类丰富且数量众多的信息，这使得教育者受到的来自权威的影响被淡化。教育者的控制力有所减弱，他们的主体性和教学内容变得更加不具备说服力。去中心化的重要性在于赋予了网络主体的自主权，从而极大地促进了网络主体个人意志的培养。

（四）教育过程拉伸规律

网络舆论传播的典型特征包括舆论主体频动和议题信息频动。这些特征体现在网络传播中，上网和离线活动都变得极为便捷，只需稍微动一下手中的鼠标，网民就可参与或离开传播活动。在在线的情况下，网络用户也能够在不同的网络平台间来回切换，以找到他们感兴趣的信息和讨论话题。与传统的传播方式相比，这种“闪现”或“闪离”的方式将会更快地促进人与人之间的交流。此外，网友们互相交流的信息也并非固定的，参与讨论的网民经常会改变讨论的主题，议题的变动十分频繁。在网络上，信息传播速度更快，流动性和不定性更高，因此特定信息的传播过程也随之被延长。

对于高校育人工作来说，师生之间的交流是育人工作存在的前提条件之一。教育是促进个体之间精神联系、文化传承的方式，而人们之间的交往是相互沟通的过程。高校的育人工作涉及教师与学生间的互动交流，这种持续的对话有助于促进双方思维意识的发展。因此，高校育人工作和人的思想意识的形成受益于交往实践及其过程。高校育人工作的效果受到师生交流情感的密切程度、频率、持续时间、内容丰富度和方式等方面的直接影响。与此同时，作为一种交往活动，育人工作的作用对象是人的思想意识，而人思想意识的改变有其自身的逻辑规律。在高校育人工作中，学生需要通过内化和外化的方式来形成和改变自身的思想意识。这是一项复杂的思想转变过程，需要逐步进行，并且持续较长的时间。大学生网民在网络舆论传播中的频动特征使得高校的育人工作在教育结构与模式的稳定性、点对点的持续时间与深度等方面面临了更大的挑战，高校育人工作亟须扩展范围且增强育人工作的频率和程度。

第三节　新媒体视域下高校育人体系建构

一、新媒体视域下高校育人内容建构

（一）创新高校育人理念

1. 树立主体平等理念

主体平等是指在网络舆论生态下，高校受教育主体与教育主体在网络中身份地位平等，他们平等地获得相关舆论信息，平等地使用网络媒介。同时，在现实生活中，公民主体身份、人格等方面平等，只是在知识、阅历等方面高校受教育者与教育者存在差异。随着网络信息化的快速发展及网络媒介的更新换代加快，受教育者拥有更多机会去获取网络舆论信息，有更多途径去发表自己的意见和态度，甚至比部分教育者更容易掌握网络媒介的使用从而实现话语的表达。所以，高校教育者的主体性、话语权威性被削弱已成为现实。教育者需要平衡心态，承认和接受被教育对象挑战的事实。教育者在开展高校育人工作时树立平等的理念，与受教育者平等对话，促进高校育人工作的顺利开展，高校育人的实效性才会得到提高。因此，教育者在实施教育活动中应树立主体平等理念。现代传媒的发展促使信息获取活动变得更加平等。每个网民都拥有言论自由，而社会精英、领袖人物和权威媒体的影响力相较于以往则被大大减弱。互联网改变了传统媒体的一对多传播模式，促进了多元观点的交流，为人们提供了更加平等的对话机会。在网络上，所有网民都拥有平等的发言权，他们可以根据个人意愿和能力发表任意长度的意见，网民之间的区别只在于自身意见的正确与否。网络的虚拟特性改变了传统媒体时代的传播方式，使政府和其他社会舆论机构的传播地位减弱，传播方式更加平等和开放。网民的意见和评论使网络成为真正代表大众声音的媒体。此外，随着民主制度逐渐完善，信息传播渠道也变得更加广泛和流畅，大学生网民等受教育者得以轻易地通过大众传播媒介了解和掌握大量与高校育人有关的信息，这改变了教育者在信息获取工作方面的显著优势，进一步导致了高校教育者和受教育者在获取信息方面的平等化，甚至可能出现受教育者拥有更多信息的情况。这种情况的存在要求教育者及时与受教育者沟通交流，以减少双方之间的信息不对等，同时改进教学方法以更好地适应时代需求。

2. 树立民主意识

民意是指人们在涉及自身利益的社会议题上达成一致看法，代表了人们的思想、期望和决心，具有可靠的真实性。民意是评估社会问题解决方案的重要标准，同时也是推动历史发展的决定性动力。民意是民主体系的根基，只有在自由民主的氛围中才能得到真实的体现。保持网络的通畅和开放、互联是维护网络公平和公正的基础，这有助于激发民众的独立思考能力，同时推动网络公共领域的建设。在现代社会中，网民以个人身份广泛参与公共事务并表达自己的看法，已经成为时代常态。这也就为高校育人工作的开展提出了要求，相关工作者需要为校园网络的运行营造民主和包容的氛围。

3. 树立包容意识

包容是指兼容并包、大度宽容。世界的统一性是多样性的统一，容许多样性的存在，没有差异的社会将是一潭死水，缺乏生机活力，因此树立包容的理念相当重要。在经济全球化的时代背景下，不同利益格局的存在和多元文化的交流共存，导致了社会意识的多样化，进而使得舆论领域也出现了各种多样的言论。这种形势要求高校育人工作者保持对核心价值观和主流舆论的坚定支持，同时包容各种声音，允许多种观点并存。与此同时，相关人员还应当维持校园内“主流媒体”与“平民意愿”之间的和谐共存。校园主流媒体作为官方信息传播平台，必须坚持拥护党和国家的指导思想，为高校营造有利的舆论氛围，助力人才培养使命的完成。从根本利益上讲，“主流媒体”与“平民意愿”有着共同的目标，即培养受教育者成为符合社会需求的、有能力的人才，“百花齐放、百家争鸣”才是有益的环境。

在网络信息时代，多元文化交流日益加深，使网络舆论信息多元化，网络语言多样化。大学生通过网络媒介可以即时了解最新网络文化和网络语言。所以，网络上出现各种各样的意见、态度和网络语言，是一种网络常态，大学生必然会受到这种现象的影响。高校育人工作者关注的重点应是网络舆论背后的客观事实，而不是网络舆论的表达。因此，在网络舆论生态视域下，高校育人工作者应树立包容的理念，包容大学生的多样选择，既要弘扬主旋律，又要兼容并包多元网络文化。

4. 树立透明意识

获取公众信任的关键常常在于信息透明。当遇到信息被封锁的情况，人们通常会表现出强烈的好奇心，试图用猜测来弥补信息缺失，从而使得网络谣言开始蔓延，导致主流媒体处于被动状态，丧失了公信力和舆论引导作用。因此要加强信息透明和公开，维持社会的稳定。

5. 树立主动意识

网络舆论的显著特征之一是快速多变。在校园环境中，具体舆论的话题通常指的是当天或最近发生的备受关注和有争议的问题，舆论主体在长时间的讨论和交流中，通常会来回切换议题，难以保持固定的交流内容。因此，高校育人工作者应该重视这一特点，积极主动地了解情况，及时监测并预防风险，积极研究搜集校园网络舆论信息并建立“预警机制”。

6. 树立对话意识

公共领域，尤其是大众传播媒介所建立的公共领域，主要作用是推动社会对公共决策进行讨论和评价，同时监督权力机构的运行。互联网的交互性为公共领域的建立提供了不可缺少的重要支持，它使得受众得以获得发布信息的机会，同时也首次实现了信息传输和接收的双向交流。在网络公共领域中，人们可以自由而真实地表达他们对共同关注话题的看法，这样不仅能够使人们得以展示个人立场，还能够使人们从他人观点中受到启发并对自己的观点进行调整，从而构建社会共识。通过上述分析可以看出，对话意识的核心在于双方互相分享想法、情感和信息，并通过交流来扩展自身的思维范围，促进不同观点的交流碰撞，从而实现更深入和高效的沟通。此外，对话也是人类最基本的能力和权利之一，是人际关系建立的重要方式。

7. 树立合力理念

如前所述，网络舆论生态是网络舆论主体、网络舆论载体、网络舆论环境和网络舆论法律和规范之间相互联动、动态发展的结构状态，这是网络舆论生态通过自身四要素的合力推动并发展的。具体来说，在这个生态中，只要四要素中任何一个要素出现变化，其他几个要素就会相应地发力，或推动或抑制，形成合力，才能使网络舆论生态处于动态平衡、良性发展中。因此，在网络舆论生态视域下，高校育人只有树立合力的理念，才能应对在网络舆论生态下的高校育人困境，才能使高校育人实效性最大化。具体来说，高校育人不能仅仅创新方法、理念或者内容，还要跟进具体教育目标、优化环境、发掘新载体、培养新人员等，多管齐下，形成合力，推进高校育人向前发展。

8. 坚持以疏为主

网络的迅速普及是信息社会发展的必然趋势，网络媒体在高校育人工作中扮演着重要角色。高校的网络媒体可以充分发挥自身资源，成为传承党的创新思想、教育师生、迅速提升学校影响力的平台。在育人工作中应用网络媒体的关键在于，采取“疏导”策略来有效处理网络舆论问题。学校的教职员工和学生都可以作为平台的主人在校园网站上自由发布观点，这样也有利于高校对校园舆情的监督和引导，确保在处理突发网络事件时能够更主动地掌握舆论。

（二）高校育人内容的建构

1. 加强网络舆论安全观教育

安全观是指特定时代的人们对安全问题的看法、意识以及由此形成的相关理论。根据上述定义可知，安全观会根据威胁的变化和相关安全主体的变化来进行调整。安全观会受到人们的个人看法、生活态度和核心价值观的影响。通常情况下，安全观的作用对象特指国家。舆论安全是指在一定的社会背景下，舆论的正常社会功能不被危害，社会组织拥有完备的传播、引导和自我恢复能力。舆论安全观是针对特定的历史情境，涉及关于国家舆论传播利益安全问题的一系列见解、观点和理论体系。

舆论能够反映社会观念的多样性，同时可以快速而有效地揭示社会的现状，并对社会产生广泛而深刻的影响。通过传播正面的核心价值观，控制社会主流观点，舆论能够促进社会成员的团结。通过控制舆论来影响社会，可以巩固现任政府的权威性，增强人们对其的认同和支持，从而减轻执政压力。同样地，一旦负面观点占据主导地位，舆论格局将恶化，舆论监督功能将下降，进而对社会稳定和政权稳固构成一定威胁。这种政治功能使得舆论成为意识形态竞争的重要载体，在意识形态发生竞争时，竞争主体会重点关注舆论的走向。根据人类社会的历史经验，舆论在政治和军事冲突中具有重要的影响力，常常起到先锋的作用。

需要提高高校学生对舆论安全观的认识。舆论安全观涉及多种理论框架，但价值观体系被认为是舆论安全观的核心要素。简而言之，舆论是社会大众根据特定的价值观念对社会和社会现象进行评价和讨论后形成的共同观点和看法。这表明，价值观念在舆论塑造中起着至关重要的作用。因此，大学生舆论安全教育的重点是加强核心价值观的培养，高校育人工作者需积极倡导社会主义核心价值观，引导大学生形成积极健康的思想体系。富强、民主、文明、和谐是国家层面的价值目标，自由、平等、公正、法治是社会层面的价值取向，爱国、敬业、诚信、友善是公民个人层面的价值准则，这 24 个字是社会主义核心价值的基本内容。高校应当致力于引导学生学习社会主义核心价值观，帮助他们逐步将这些价值观融入内心，自觉树立科学、正确的人生观和价值观，进而使大学生能够根据社会主义核心价值观对社会及校园现象发表观点，形成符合多方利益、迎合时代趋势的舆论环境。

2. 加强信息素质教育

在信息时代和数字化社会中，大学生需要具备信息素养，如信息意识、信息知识、信息技能和信息伦理。

信息意识是指个体对不同信息的主观感知和心理反应，涵盖了对信息的理解、态度和需求。拥有信息意识能力的大学生能够意识到信息的重要性、渴望获取信息，且对信息敏感，拥有较强的洞察力。

信息知识是处理信息时不可或缺的理论、概念和技能。信息素养的培养离不开对信息知识的掌握，信息知识的掌握程度也代表了人们对信息和信息技术的了解水平。信息知识主要包括信息基础知识和信息技术知识两方面的内容。

信息能力是指个体在利用信息技术和资源时，获取、处理、传递、创造信息的能力。需要强调的是，知识和能力并不是相同的概念，仅仅拥有知识并不意味着具备信息能力。培养信息素质的关键在于培养在实际情境中应用信息的能力。信息能力涉及四方面的能力，分别是信息需求分析和表达能力、信息获取能力、信息分析和处理能力、信息利用能力。

信息素质是信息时代人才必须具备的关键素质，是时代发展对受教育者的必然要求。高校的目的是培养有卓越能力的人才，应当帮助学生掌握获取、识别和处理信息的技能。大学生应该学会有效地利用网络资源，并具备迅速果断地保护自己免受有害信息危害的能力。需要强调的是，信息素质在某种意义上与人类所具有的其他素质相同，都并非与生俱来，需要通过后天学习获得。为了使学生获得这方面的能力，加强信息素质教育刻不容缓。信息素养教育是一种旨在增强个人对信息的理解和运用能力的教育活动。

目前大学生的信息素养水平较高，然而在网络信息筛选和资源管理方面还有进步的空间，表现相对欠佳。因此，必须加强对大学生的信息素质教育。要让大学生认识到信息的重要性，促使大学生自觉提升对信息的敏感和理解能力，以便他们能够迅速而有效地查找和利用有益的信息。与此同时，还应当向大学生普及信息知识，增强大学生的信息分析和处理技能，使其具备从海量信息中筛选、分析和辨认有效信息的能力，不被烦杂的信息迷惑心智。在应对庞大的网络信息时，辨认、处理信息的能力便显得尤为关键。可以将信息素质教育课程与其他培训形式有机地融合，既开设信息素质课程，又通过培训指导等其他方式来进行教育。

3. 加强网络信息传播规律教育

规律能够用来描述不同事物之间的关系，它预示着事物发展的方向。网络信息传播规律是指在网络平台上传播信息时所遵循的内在规则和机制，包括技术原理、传播方式和效果、特点、信息管理以及传播模式等方面的相关内容。

相较于传统媒介来说，网络传播作为一种信息时代的传播方式，具有独特的机制和特征。网络传播将大众传播和人际传播的特点相结合，形成了具有散布型网状传播结构的传播形式。在这种结构下，每个网络节点都具有产生和传输信息的能力，这些信息会以非线性的方式在整个网络中传递。网络传播结合了人际交流和大众传媒的优点，同时跨越了二者之间的界限。

网络传播不仅改变了人们的生活方式和思维方式，而且也对社会政治和经济产生了深远影响。在互联网时代，个人享有空前的权利：可以随心选择感兴趣的信息，并自主决定发布信息的内容和形式。除此之外，“把关人”在社会中的权威也被弱化，使得社会对网络的控制力度也被减弱，网民自身传播素质的提升则被赋予了更大的价值。

基于上述原因，高校应该开展与网络信息技术和信息处理相关的课程，以促进信息技术和信息处理知识的普及，并提升学生的网络信息传播素质。

二、新媒体视域下高校育人方法建构

（一）创新网络舆论生态下高校育人方法

根据舆论阶段演变模式，舆论通常会经历社会讨论、舆论圈的扩散、突发事件的激发和“舆论领袖”的意见引导四个不同的阶段。在这四个阶段中，舆论的状态逐渐从潜在舆论变为显性舆论，最终转化为行动舆论。过去，高校育人工作的重点是通过课堂理论教学、榜样示范和社会实践等方式来培养学生，但随着网络社会的快速发展，这些方法已经无法满足大学生的需求。在网络舆论生态中，鉴于人们独立思考的能力逐渐增强，鼓动、号召的舆论形成方式已经变得过时。因此，在网络舆论环境下，高校需要采用新颖的教育方法来提升育人工作的有效性。因此，在舆论形成的不同阶段，应该采取不同的策略，以增强高校育人的目标导向性。

1. 重视基层言论，主动了解

网络舆情所反映的看法和倾向来源于现实生活中现有的情况和议题。研究显示，80% 以上的群体性突发事件是由基层问题所引发的，因此可以在基层得到解决。需要注意的是，舆论行为在尚未快速传播到网络上时，它们的影响力相对较小，因此更容易控制。为了确保预防机制的有效运转，现实中应当建立完备的监测和预防系统，涵盖学工组织、学生社团、班级学生干部、学业导师等不同组织及个人。这些组织及个人应主动了解大学生的思想变化和利益诉求，从而在信息进入网络之前就处理好学生的诉求、情感和不满情绪。

2．设置舆论议题，加强舆论引导

根据舆论学的观点，“议题设置”的主要功能是吸引公众的关注，并将他们的注意力转至特定方向上，以促使人们更加了解周边环境，进而实现舆论引导的目标。需要强调的是，“议题设置”的作用机制在于吸引人们的注意力，促使人们关注特定的话题，而不是直接改变他们的观点。换句话说，媒体可以引导人们思考的议题，但并无法干涉人们思考的内容。目前，议题设置是进行舆论管理的最佳手段。

高校可以运用议题设置原理来指导教学和教育工作，引导网络舆论，同时增强育人工作的成效，为相关工作提供理论支持和切实可行的解决方案。胡锦涛曾在视察人民日报社时强调，要认真研究新闻传播形势和未来走向，深入了解不同受众的思维特点和习惯，加强舆情分析，积极引导人们对话题的讨论，主动抓住有利时机。这为高校如何在引导网络舆论方面设置议题提供了指导。

议题设置应紧跟潮流。人天生就对未知和新奇的事物感兴趣，追求改变是大学生自我发展的重要驱动力。应当结合最新资讯来设置议题，确保议题与时俱进，能够激发大学生的广泛兴趣并促使他们深入思考。大学生群体具有多元性和层次性，这也使得他们在参与最新议题的讨论时，对信息的理解也更加多样，特别是在网络时代，人们开始质疑传统的主流价值观念和话语体系，这就促使大学生在网络舆论中能够表达更加多样化的观点。也因为这一原因，议题设置应考虑到广大大学生的思维方式和心理特征，采取开明包容的引导方式，以促进各种观点和谐共存。通过设置不同立场的议题，激励大学生进行内省，审视自我，并将外界有益的想法融入自己的思想体系。要知道，相比于传统教育，群体教育和自我教育能对受教育者产生更加深远和持久的影响。除此之外，议题设置应紧跟潮流也体现在处理突发事件时必须迅速传达准确信息，积极梳理真相，引导公众舆论朝着正确的方向发展。

议题设置应抓住重点。大学生网民在校园网络最感兴趣的话题和需要重点关注的问题，应当被育人工作者灵活、准确地标注出来。根据网络舆论传播下信息价值异化律，越被大学生关注的信息越具有更高的价值，能够对高校育人工作产生的影响也更大。只有以此信息为中心进行育人，才能实现社会效益的最大化。通过提供大学生感兴趣的议题，可以满足大学生的情感需求，增进其信息知识，同时传播正确的价值理念。

3. 设置舆论“把关人”，加强监管

根据“把关人”理论，群体传播中应当存在审查者，只有符合他们设定的规范或价值标准的信息才会被传播。考虑到网络信息传播的复杂性和多样性，我们需要谨慎选择信息，以满足不同受众的需求。舆论“把关人”需要在不同的情境下设定特定的传播规范，这些规范会因受到社会环境、媒体机构和个人认识等方面的影响而有所不同。对把关因素的深刻认识有助于“把关人”更好地审视信息的传播，从而更好地满足社会需求。

应当设置舆论“把关人”，并培养他们的专业能力和舆情引导技巧，从而保障校园信息传播的质量。一旦发现不符合高校育人工作规定的言论和帖子，除了立即删除外，还应快速审核内容、确认信息，并通过留言和邮件与大学生交流，积极处理问题，加强正确引导。通常情况下，“把关人”和“意见领袖”并非同一个群体，但也有既是“把关人”也是“意见领袖”的情况出现。“把关人”通常由高校宣传部门的工作人员担任，往往承担着更为重大的舆论监督责任。

4. 注重“意见领袖”培养，强化引导

互联网为个人提供了一个能够自由发声的公共空间，网络上的“意见领袖”对人们的影响也因之变得更加广泛和深远。在校园网络舆论场中，“意见领袖”大部分来自下列群体：一是高校领导。高校领导就大学生关注的热点问题表达看法，能够对大学生产生很大的影响力。二是平台的管理者。在校园网络的每个平台都有专门负责管理的人员，他们的角色类似于杂志编辑，负责设置议题、掌控信息，并持续地监管网络内容，进行积极的引导。三是在校园网络上颇具知名度的人物。一些备受同学欢迎的老师和学生能够通过个人博客、社交媒体等线上平台，发挥潜在的影响力，可以对舆论产生重大影响。他们可以利用在某些网络平台上的影响力，吸引大学生的关注并分享相关文章，同时积极与学生互动。四是活跃于网络的学生。在校园网络平台上，一些非常活跃的大学生能够直接或者间接地对网络舆论产生影响。这些大学生通常接受过优质的教育，具备较强的综合素质，思维水平也较高。他们通常会在网络上坚定地发表自己的看法，为校园网络舆论的和谐发展做出贡献。上述提到的“意见领袖”在促进网络舆论良性发展方面发挥着至关重要的作用。

实际经验表明，第一，“意见领袖”能够影响群体中占据大多数的“沉默的网民”。在校园网络舆论场中，这些“沉默的网民”不会发表自己的观点，只会被动的浏览网络信息。第二，“意见领袖”具有影响其多数追随者的能力。在讨论特定网络舆论事件时，大部分大学生都选择保持沉默，而那些选择发言的大学生大多数影响力也较小。因为他们很少会深入地讨论问题，更多的只是随意发表意见，有时甚至只是简单地表达对他人观点的支持或反对。在网络舆论场中，那些选择保持沉默的人会被发言者所左右，而那些处于边缘的发言者则会受到核心发言者的影响。而大多数的核心发言者，都属于“意见领袖”。第三，舆论的走向常常会受到“意见领袖”的影响。“意见领袖”通过引导他人探讨特定的话题，能够操纵网络舆论的方向。在校园网络上，引起“意见领袖”关注的话题不仅包括国家的重要事件，还涉及学校政策变革、后勤管理以及校园内外的突发事件等，这些事件都与学生的生活和学习息息相关。

因此，为了促进校园网络氛围的良好发展，需要重点关注“意见领袖”的个人素质，高校领导层在面对不断出现的新情况和问题时，应该注重“意见领袖”的作用。

5. 创新网络舆论载体

随着现代传媒的发展，大学生更喜欢用简单快捷的方式记录社会的变化及自身的成长。在我国大学生当中，微信、微博、博客、网络论坛、脸谱网、推特的使用者都不在少数，高校育人可以充分开发和利用新的载体平台，对大学生网络舆论进行有效的监测与引导，同时促进高校育人方法的改进。如高校可成立两种类型的微信公众号，一个是党员、团员必须关注的微信公众号，另一个是校内学生微信公众号。党员、团员微信公众号的目的是引导党员、团员自觉遵守党员、团员纪律和学校相关制度，起先锋模范作用。同时，每天对校内学生公众号进行信息更新，确保内容是与大学生生活、学习和就业息息相关的。这有利于对大学生网络舆论进行引导，同时还增强了高校育人工作者的话语权。

6. 积极开展形式多样的网络信息评议活动

高校可以举办多样化的网络评议活动，为舆论表达提供更多渠道和平台。通过设计新颖的项目和内容，引起大学生的兴趣，以此来影响并引领校园内的舆论趋势。

在新兴媒体技术的帮助下，高校内的网络舆论空间愈发开放自由。大学生获得信息的渠道得到了拓宽，这样不仅使信息传递更加便利和多样化，同时也增加了传播方式的灵活性和多样性。群体舆论活动正逐渐从有组织的发展转变为自发性的发展，从集中统一转变为分散。相关工作者应当保持警觉，随时关注大学生的成长进展，并灵活调整育人策略，重新定位校园宣传网站，强调其服务和引导功能，同时采用更人性化的管理方式，尊重大学生的决定权，建立平等的交流机制，从而赢得大学生的信任和支持。应当借由网络信息评议活动更深入地了解大学生的兴趣和真实想法，从而帮助他们更好地面对学习生活中的挑战，并促进师生间平等的交流。这将有助于在校园中建立和谐的氛围，为后续舆论的引导奠定基础。

7. 主动实现网上网下对接

高校在开展育人工作时，应当注意兼顾传统高校育人和网络高校育人，实现“网下教育”与“网上教育”共同发展。利用网络交流平台和实时反馈机制，育人工作者可以更迅速地了解和应对大学生的困惑和疑虑，并在现实中帮助大学生真正地解决问题。由于网络信息具有复杂性和开放性，大学生需要提高自我管理能力和信息辨别能力，而这些能力的培养均离不开传统高校育人工作的开展。

想要做好网络高校育人工作，就应当兼顾“网上教育”与“网下教育”共同发展，建立全方位覆盖、持续关注的育人新模式。这是因为：第一，大学生信息辨别能力和自制能力受到他们在真实世界接受的教育的影响；第二，网络给大学生带来的不良影响需要通过加强传统的教育工作来加以应对；第三，网上教育无法将备受关注且具有挑战性的议题讲解透彻。这些议题往往涉及现实生活、学习中遭遇的难题，应当在现实情境下认真讨论并提出针对性的建议。

作为高校育人工作的形式之一，网络高校育人工作需要与传统高校育人方式、资源协调，两手都要抓，两手都要硬，同时发挥网络育人和传统育人的双重作用，以实现更好的育人效果。

（二）创新网络自律意识教育方法

1. 说服教育法

（1）说服教育法的内涵

说服教育法是对大学生进行网络自律意识教育的基本方法。它指从提高思想认识入手，通过准确剖析网络世界中的真实事例、深刻阐释网络生活中的道德规范和法律规范，启发大学生的自觉性，提高大学生的网络道德认知水平、自觉养成网络自律意识。

说服教育法具有正面性和主体性的特点。一是正面性，网络自律意识教育的说服教育必须遵循正面教育为主的原则，通过正面教育提高大学生对网络自律意识的认识，注重以理服人。二是主体性，网络自律意识教育的说服教育必须充分发挥大学生的主体作用，激发大学生的自觉意识，积极引导大学生对网络事件充分发表自己的意见和看法，在畅所欲言的过程中引导大学生具体问题具体分析。

（2）说服教育法的方式

网络自律意识教育的说服教育法主要包括语言文字教育和事实教育两种方式：一种是语言文字教育，其侧重于通过语言文字的表述来开展网络自律意识教育，如知识讲述、演讲或报告、谈话、讨论或辩论、指导阅读等；另一种是事实教育，其侧重于通过让大学生耳闻目睹、亲身体验来增加教育的可信度和感染力，如社会调查、参观访问等。在具体教育过程中，往往两种方式综合运用，相得益彰。

第一，语言文字教育的方式，主要包括：

①知识讲述：教师按照网络道德的要求，向大学生详细讲述或讲解有关网络现象的形成与发展过程，深入剖析网络现象的起因、结果和内在本质，帮助大学生掌握相关网络知识，提高应对相关网络现象的能力。讲述或讲解必须注重知识的系统性，力求对基本论点进行充分、有力的论证和系统的阐释，语言要生动、确切，有感染力和说服力。

②演讲或报告：联系网络实际，比较系统地向大学生论述、论证、分析某个问题。其特点在于涉及的问题比较深、比较广，所需时间长。这种方式可以开阔视野、激励情感、活跃思想。

③谈话：针对大学生的思想实际，就网络生活中的某一问题与之交换意见，并对其进行教育。谈话的针对性较强，便于师生之间交流思想感情、促进师生互相了解。谈话是说服教育常用的方式，不受时间、地点、人数的限制，课内课外均可进行。这种方式针对性最强，特别适用于个别教育。谈话的态度要诚恳、耐心、循循善诱、富有启发性。通过谈话促使大学生思想上的转化，增强他们的网络自律意识。

④讨论或辩论：是在教师指导下，由大学生围绕网络生活中的某个中心问题各抒己见、相互学习，经过充分的讨论和争辩，最后得出正确结论以提高认识。这种方式能充分调动和依靠大学生自我教育的积极性，有利于培养和提高大学生识别、判断、评价问题的能力和坚持真理、修正错误的勇气。教师要引导学生敞开心扉，积极发言，大胆提出问题，敢于进行争论，坚持以理服人。讨论结束后，教师要及时进行小结，集中正确的意见，还要教育学生坚持真理、修正错误。在大学生对某些问题的认识有分歧时，运用这种方式更有效。

⑤指导阅读：是在教师指导下大学生开展阅读与网络世界、网络技术等相关的书籍、报纸、杂志等，以提高大学生的思想觉悟，补充口头说理不足的方式。可与讲解、讲述、报告、谈话、讨论等相结合进行。指导阅读有利于培养自觉阅读的良好习惯，从而提高大学生评价能力和辨别能力。

第二，事实教育的方式，主要包括：

①参观：根据网络自律意识教育的实际需要，组织大学生到大型门户网站、网络软件研发企业、网络游戏生产厂家实地进行观察和研究。

②访问：结合网络自律意识教育的某一种具体任务或研究课题，走访有关的典型对象以丰富大学生感性认识和情感体验，如走访大型门户网站运营管理者、网络软件的研发者、网络游戏的运营者等。

③调查：是有目的、有计划地获取一些足以说明网络世界中某些问题的第一手资料，以验证和加深思想认识的一种方式。

参观、访问、调查均是通过教师的组织使大学生接触社会实际，用具体生动的典型事例说服教育大学生的有效方式，具有很强的说服力。其共同特点在于：其一，可以加强网络自律意识教育与社会生活的联系，通过大学生的耳闻目睹、亲身感受，汲取丰富的营养以弥补口头说教之不足，增强教育的可信度与感染力；其二，有利于动员社会上与网络生活相关的各种力量，共同对大学生施加积极的影响。一般来说，参观、访问、调查等活动，要结合各个时期学生思想教育的中心内容和要求，有目的、有计划地进行，同时要做好具体的组织工作和活动后的交流工作。

（3）运用说服教育法的要求

第一，说服教育要讲求针对性。这是提高说服教育实效性的前提和条件。针对性是指说服教育的内容必须从大学生的知识水平、思想实际、年龄特点、个性差异及心理状态的实际出发，有的放矢地进行说服教育。同时，要深入了解掌握教育对象的具体情况，采取有针对性的教育方式、教育内容和教育场所。说服教育还必须紧密结合社会发展，做到具体情况具体分析，特别是及时关注网络社会的发展，紧密结合网络社会的新趋势、新技术、新内容、新现象来开展大学生网络自律意识教育。

第二，说服教育要讲求感染力。感染力是指教师在进行网络自律意识教育时要从激发大学生内在的积极情感出发，爱护和关心大学生，与大学生进行真诚、深入的交流，在平等的交流中引导大学生自觉认同网络自律、自觉形成网络自律意识。说服教育必须以情感人。要使说服教育具有感染力，一是要从爱护和关心大学生出发，抱着尊重和信任的态度，设身处地为大学生着想，循循善诱、推心置腹、坦诚相见，而不能以惩罚等手段强迫对方接受自己的观点。二是要使说服富有知识性和趣味性。说服要注意给大学生以知识，理论和观点，使他们受到启迪、获得提高；同时选用的内容、表述的方式要生动有趣，使他们喜闻乐见，使接受说服教育变成一种精神享受，从而产生情感的交融和思想的共鸣，并落实到具体实践中。三是要使说服真诚自然，不能言不由衷或装腔作势，矫揉造作只能引起大学生的怀疑和反感。

第三，说服教育要讲求真实性。真实性是指所采用的事例一定要符合客观实际，所阐释的道理一定要反映客观规律，要对大学生讲实话、讲真话。大学生一个最大的特点就是有天然的实事求是精神，他们最喜欢讲真话，最反感讲假话。因此，教师一定要认真遵循客观规律来开展说服教育工作：摆事实要实事求是，不能随意夸大或缩小；讲道理要客观深刻，不能随意发挥。

2．心理咨询法

（1）心理咨询法的内涵

心理咨询法的含义是遵循心理学的相关规律和理论，运用心理学的相关技能和工作方式，对大学生进行心理辅导和心理健康教育，帮助他们解决网络生活中出现的心理问题，促进其身心健康、全面发展。大学生网络自律意识教育的心理咨询法，实际上是心理咨询工作在大学生网络教育中的应用，其最大的特点是按照心理学的规律和方法开展教育。心理咨询教师从大学生的网络心理特点出发，借助心理咨询的技能和方法，对大学生进行网络自律意识教育，使其在信任与放松的心境中不知不觉接受教育，从而增强网络自律意识教育工作的实际效果。

（2）心理咨询法的方式

网络自律意识教育的心理咨询法主要借助于心理咨询的相关方法来开展。从大学生网络生活的实际出发，大学生网络自律意识教育可借鉴的心理咨询方法主要有：

第一，现实疗法。现实疗法认为：①爱与被爱作为人的基本需要，如果得不到满足，人就可能会逃避责任，回避现实。大学生网络自律意识教育希望通过心理咨询来减轻大学生这种不负责任的发展倾向，增强其责任意识。②人具有自主意识与自主能力，能对自己的行为负责。大学生网络自律意识教育希望通过心理咨询来增强大学生在网络生活中对成功的认同，减少其对失败的认同，使其感受到自己在虚拟世界中的价值。③现实疗法注重现在与未来。大学生网络自律意识教育希望通过心理咨询来帮助大学生树立对未来的信心，教育大学生不必过于考虑以往网络生活中失败经历对自己发展的影响，而应该着眼于未来的发展。④现实疗法注重个人的责任担当。大学生网络自律意识教育希望通过心理咨询使大学生明确勇于承担责任是个人成功的重要条件，只有勇于担当，才能获得“成功的认同”。

第二，格式塔疗法。格式塔疗法认为：①人都能做好自己的事情。大学生网络自律意识教育希望通过心理咨询来使大学生充分认识到自我的价值和能力，激发其做好自己事情的欲望和能力。②人不能沉浸在过去的记忆里，而应该充分关注现在的生活和感受，否则会使人焦虑不安，严重影响人的健康发展。大学生网络自律意识教育希望通过心理咨询来帮助大学生将精神集中到现在和未来的生活。③内心“未完成情结”的实现有助于人积极面对现实。“未完成情结”是指个人生活中一些失败、痛苦经历所导致的不良情绪体验，包括愤慨、后悔、痛恨等，这些情绪体验往往会成为抑制人活动的“心结”。大学生网络自律意识教育希望通过心理咨询来帮助大学生解开自己在以往网络生活中所留下的这些“心结”，从而丢掉包袱，轻松面对现在。

第三，来询者中心疗法。来询者中心疗法认为：①人都有能认识自身不足并努力改进的能力。大学生网络自律意识教育希望通过心理咨询来帮助大学生充分调动自己的这一潜能，在网络世界中做到“自我实现”。②人是现实自我和理想自我的统一体。现实自我即个人对自己在现实世界表现的自我感觉，而理想自我是个人对自己在理想世界表现的自我感觉。二者的冲突往往导致人对自我的困惑；而现实世界中获得的肯定越多，则二者就更趋向于一致。大学生网络自律意识教育希望通过心理咨询帮助大学生更多地去获得网络世界中对现实自我的肯定，减少与理想自我的冲突，促进大学生的协调发展。③建立尊重、理解和真诚的咨询关系是这一方法产生作用的前提条件。大学生网络自律意识教育希望心理咨询教师与大学生之间相互尊重、相互信任、平等相待，尤其是心理咨询教师以平等的姿态对待大学生，鼓励大学生敞开心扉，直抒己见，从而使大学生在网络行为和网络人格等方面产生积极变化。

第四，理性情绪疗法。理性情绪疗法认为：①人是理性与非理性的统一体。非理性的理念是精神烦恼和情绪困扰的根源，往往使人惧怕现实、逃避现实；而理性的理念则会减轻人的精神烦恼和情绪困扰。大学生网络自律意识教育希望通过心理咨询来引导大学生在网络生活中培养理性的理念，减轻非理性理念的侵蚀。②人的非理性理念往往表现出绝对化的要求、过分夸张的概括、糟糕透顶的强烈反应等特征，并导致自暴自弃、自怨自艾行为的产生。大学生网络自律意识教育希望通过心理咨询来帮助大学生认清网络生活中的非理性理念，从而防止非理性理念的产生。③某一事情所带来的情绪困扰，并非事件本身所造成，而是人对事情的认识所导致的。大学生网络自律意识教育希望通过心理咨询来帮助大学生正确认识网络生活中的具体问题，防止错误认识带来困扰。

(3) 心理咨询法的要求

运用心理咨询法，必须遵循以下基本要求：

第一，教师必须具有心理咨询工作技能。教师必须全面学习心理学知识，熟练掌握心理咨询技能。心理咨询是一项专业性很强的工作，不是一般的思想工作，要求教师熟悉心理咨询的工作规律，熟练掌握心理咨询的工作技能。因此，教师在运用这一方法开展网络自律意识教育之前，必须经专业培训和学习，从而更加专业地开展工作。

第二，教师必须深入大学生的内心世界，准确把握大学生的思想动态，从大学生的网络行为中了解大学生心理。不深入大学生的内心世界，就难以察觉并认清他们心理上的困惑、创伤、痛苦等，进行工作时就会失去针对性。有效地了解和掌握大学生的心理奥秘，需要教师不断亲近、接触大学生，善于与大学生广泛交谈和对大学生进行多方面的观察和了解。

3. 陶冶教育法

(1) 陶冶教育法的内涵

陶冶教育法是教师在网络自律意识教育中有目的地、有计划地自觉利用环境中的有利因素积极创设教育情境，对大学生进行潜移默化的熏陶和感染，使其在耳濡目染中心灵受到感化，进而促进其养成网络自律意识的一种方法。陶冶教育法寓丰富的教育因素于各种有益的具体情境中，不是教育者通过说理直接影响学生，而是教育者利用事先有意选择和积极创设的情境对大学生给予无言、无形、无求的影响。这样可以减少教育的明示感，使大学生减少压力感和预防心理，增强学生的参与性、能动性和愉悦性心理，从而使大学生在不知不觉中受到深远的影响，达到陶情冶性的目的。陶冶教育法有四个特点。其一，隐蔽性。陶冶教育法是通过人格力量、自然环境和人文环境来对大学生进行网络自律意识教育的，而环境并不能说明网络自律意识教育的内容及所要达到的目标，但通过这种形式确实达到了网络自律意识教育的功效，只不过是潜移默化达到的。其二，渐进性。陶冶教育法是渐进的，而不是立竿见影的；但是它一经发生作用，成为心理定势稳定下来，就不易发生改变，而成为深刻而持久的人格特征。陶冶教育法把大学生置于一定的活动情境中，这种情境必须具体、生动、形象、直观，而且要像“磁石”一样强烈地吸引着大学生。这种情境从表面看是“无求的”“自发的”，而实际上是经过教师精心设计安排的，使大学生在不知不觉中，在有意识和无意识地相互作用的过程中，经过较长时间的熏陶，渐渐地达到陶情冶性的目的。其三，指向性。陶冶教育法就是通过环境熏陶来达到网络自律意识教育目的的，指向性是十分清楚的。为了达到这个目的，就必须控制环境，使环境为我所用，而不能让环境起相反的作用。其四，复杂性。环境本身是复杂的，陶冶教育法也不易掌握，尤其教育工作者本身对环境还缺乏控制能力，有很多环境不是教育工作者所能左右的，这种复杂的环境使陶冶教育法变得复杂化，正因为这点，环境可能变成教育的最大阻力，有时一年的教育甚至都抵不上几分钟的不良环境影响。

（2）陶冶教育法的方式

陶冶教育法的方式是多种多样的，一般常用的方式有三种：一是人格感化；二是环境陶冶；三是艺术熏陶。

第一，人格感化。人格感化是教师注重人格的感化，以自己的行为去感化大学生，使他们近朱者赤，在潜移默化中接受熏陶的方式。教师的人格是一切教育工作的基础，其对大学生人格的形成有着重要的影响。网络自律意识教育的对象是有个性、有情感、有自身价值观念的活生生的大学生个体。教师的一言一行直接影响着大学生的习惯和品质。教师想要大学生成为什么样的人，首先自己要是这样的人。“其身正，不令而行，其身不正，虽令不从”，身教重于言教，教师要以身作则。教师的理想人格要像丝丝春雨“随风潜入夜，润物细无声”，潜移默化地影响大学生的人格。教师自身在网络生活中必须模范遵守网络道德，养成网络自律意识，从而给大学生一个好的模范带头作用，让大学生在潜移默化中受到感染。

第二，环境陶冶。环境陶冶是利用优美的校园环境、优良的校风和班风、良好的家庭环境和良好的家风等，或者是教师在教学中积极创设的教育情境，对大学生进行潜移默化的影响，以达到陶冶性情、培养品德、净化灵魂的目的的方式。

第三，艺术熏陶。文艺熏陶是借助音乐、美术、文学、戏剧、电影、电视等艺术手段对大学生进行教育，使其在文艺欣赏中养成网络自律意识的方式。

（3）陶冶教育法的要求

第一，教师要提高自身的陶冶教育价值。教师和学生朝夕相处，教师不仅要通过说理和要求教育大学生，还要以自己的高尚情操和人格、对大学生的深切期望和真诚的爱护来触动和感化他们。实践经验也表明，教师的威望越高，对大学生的关怀和爱护越真挚，他们对大学生的人格感召力就越大。为了能收到这样的教育效果，不辱社会和学校赋予自己的神圣使命，做好教育工作，教师就必须加强自己的思想品德修养，恪守教师职业道德，处处以身作则，使大学生在教师经常性的身教中受到熏陶和教育。

第二，注意发挥环境陶冶的作用，尤其是要创设良好的班级环境。教师和大学生最常处的环境莫过于班级，班级的物质环境和人文环境对大学生的影响陶冶作用相对而言更直接、更全面，而班级良好环境的创设能更好地体现教师的教育意图和想法，有利于实现教师工作的目标，同时也有利于班集体教育作用的发挥。美观、朴实、整洁的教室乃至校园环境，团结、紧张、严肃、活泼、尊师爱生、民主而有纪律的班风，会使置身于其中的学生深受熏陶和感染，促进其身心的全面健康发展。

第三，注意发挥艺术陶冶的教育作用，提高陶冶教育的效果。有效地发挥艺术作品的陶冶作用，不能只让它们自发地影响大学生，教师应配合以启发、说明，给予大学生必要的鉴赏知识，引导大学生注意艺术作品中寓意深刻，积极向上的思想内涵，并自觉地吸收这些有益的影响，丰富自己的精神生活，提高自己的思想境界，进而养成良好的道德情操。

4. 榜样示范法

（1）榜样示范法的内涵

榜样示范法是以他人在网络世界中的优良品德和模范言行影响学生的思想、情感和行为的一种方法。

榜样示范法的特点是，通过了解和学习榜样在网络世界中的优良品行和先进事迹，把抽象的思想准则，道德规范具体化、人格化，使学生从这些富有形象性、感染力和可信性的榜样人物的事迹中受到深刻的教育，从而增强网络自律意识教育工作的吸引力和有效性。

（2）榜样示范法的榜样类型

大学生在网络生活中学习的榜样很多，对他们影响较大的主要有以下几种：

第一，网络世界中的正面偶像。网络生活中符合伦理道德规范的“网络红人”，他们情操高尚，形象、思想和事迹典型性强，是大学生心目中敬仰、热爱的榜样。

第二，家长和教师在网络生活中的表现。家长和教师对大学生的影响最经常、最直接。家长是大学生最先模仿的对象，加之与大学生长期生活在一起，其在网络生活中的言谈举止无疑具有潜移默化的作用。教师为人师表，他们与大学生学习活动在一起，其网络世界中的思想言行对学生具有示范、身教的作用。

第三，优秀同学或同龄人在网络生活中的表现。如三好学生、优秀学生干部、优秀集体等，这些榜样与大学生生活在一起，他们年龄相近，经历相似，环境影响也差不多，他们在网络生活中所表现出来的好思想、好行为是大学生比较熟悉的，容易为大家所理解和信服，也易于效仿和学习。

（3）榜样示范法的要求

在网络自律意识教育中，运用榜样示范法必须注意以下几点：

第一，要按照广泛性和层次性的原则去树立榜样。在选择对大学生进行网络自律意识教育的示范榜样时，必须注重榜样的广泛性，要结合社会生活的方方面面来选择，既要有网络技术方面的榜样，也要有网络经营方面的榜样，还要有网络道德方面的榜样，更要有通过网络促进学习成长的榜样。同时，榜样必须具有层次性，必须有不同层次的榜样可供学习选择。

第二，要正确对待榜样。宣传榜样时，要实事求是，不能为了宣传的需要故意夸大、神化榜样的优秀事迹。在教育大学生学习榜样时，要引导大学生结合自身实际创造性地学习，并落实到自己的具体行动中去，而不是照搬照抄，单纯模仿。

5. 品德评价法

（1）品德评价法的内涵

品德评价法是指教师对大学生在网络生活中的品德进行分析评定，提出肯定或否定的结论，从而形成良好的网络品德，养成网络自律意识的一种教育方法。

运用网络自律意识教育的品德评价法，对大学生的网络生活给予肯定性评价或否定性评价，从而使大学生明白自己的优点，看到自己的缺点，明辨是非，知荣明辱，进而使大学生明确发展的方向和仍需努力的地方，发扬优势，克服劣势，奋发向上。

（2）品德评价法的类型

网络自律意识教育的品德评价法主要包括以下几种类型：

第一，奖励与惩罚。奖励是对大学生网络生活中的优良品德进行肯定性评价。这是一种正强化，用以巩固和发展已有的优良思想品德行为。奖励分为赞许、表扬、奖赏等。其中表扬包括口头表扬和书面表扬，奖赏的形式有颁发奖状或纪念章、授予奖品和授予荣誉称号等。奖励的特点是可以使大学生明确认识和肯定自己品德中好的方面，并在情感上产生愉快的情绪体验，引起和增强他们巩固和发展这些优良品德的愿望和信心。惩罚是对大学生网络生活中的不良品德进行的否定性评价。这是一种负强化，用以克服和纠正不良的思想品德行为。惩罚的特点是，可使大学生明确认识自己品德中的缺点和错误，促使其克服和改正缺点与错误。奖励和惩罚可以用于个人，也可以用于集体。

第二，评比。评比是对大学生的网络行为及其表现出来的网络道德进行比较评价，以奖励优秀，激励后进。可在大学生个体之间进行比较，也可进行集体之间的比较。评比要适合大学生积极追求进步的特点，通过评比形成人人努力、你追我赶、共同进步的良好氛围。

第三，品行鉴定，是对一定时期内大学生网络生活中的品德和行为进行比较全面的评价。品行鉴定应以大学生培养目标为指导思想，以《高等学校学生行为准则》《全国人民代表大会常务委员会关于维护互联网安全的决定》等为基本内容，对大学生平时在网络生活中的实际表现进行全面考查。

（3）品德评定法的要求

第一，运用奖励和惩罚要注意以下几点。首先，奖惩的目的要明确。无论奖励还是惩罚都只是教育的手段，而不是教育的目的，恰恰相反，教育的目的是奖惩的依据。因此，教师必须围绕明确的教育目的来施行奖惩，不能滥用。奖要使受奖者乘胜前进，而不是趾高气扬；罚要促进受罚者认真反思，而不是垂头丧气，尤其是给予大学生批评、惩罚时，必须同步给予其足够的关爱和帮助，鼓励其努力改正。其次，奖、惩要实事求是，公正合理。奖、惩的标准要统一，不能因人而异，要一视同仁，以保证奖、惩的客观性、公正性，令大学生信服。同时，也要兼顾大学生的年龄特点和个性差异，对低年级和高年级要求应不同，对先进的和后进的大学生要区别对待。再次，奖、惩要及时，要注意得到集体舆论的支持。奖、惩应及时、适时，把握好教育时机，防止时过境迁。奖、惩还必须注意得到广大大学生的支持，被奖励的品德应是得到大多数大学生公认的，被惩罚的不良品德应是遭到集体舆论谴责的，这样奖、惩才更富有教育意义。最后，要以奖励为主，慎用、少用惩罚。品德评价有肯定性评价和否定性评价，在教育过程中应以肯定性评价即表扬和奖励为主，而慎用或少用否定性评价即批评和惩罚。这样有利于调动和激发大学生积极向上的内在动力，便于形成大学生思想品德发展的良性循环。从奖励和惩罚的程度上看，表扬要适当，讲究表扬的技巧；批评要严肃诚恳，讲究批评的艺术，防止使用非教育性语言。相对而言，考虑到大学生自尊心、上进心强的特点，应该多表扬少批评，先表扬后批评，这样往往教育的效果更好。奖赏实际上是树立榜样，要注意扶植和宣传榜样，发挥其正面教育影响作用。处分必须慎用，处分过多或过分，往往会使被处分者无动于衷，削弱教育效果。而对于受处分的大学生不能歧视、孤立，要热情关怀，千方百计使其悔过自新。

第二，运用评比时，应注意发扬民主，走群众路线，广泛调动大学生的参与积极性，注意定期检查和总结，及时宣传，大力表彰好人好事，以达到鼓励本人和教育他人的目的。

第三，进行品行鉴定时，首先，教育目的要明确，围绕具体目的有针对性地开展品行鉴定。其次，要辩证地看待大学生，必须全面地看待大学生，不仅要看到大学生的缺点，而且要看到大学生的优点；要用发展的眼光看待大学生，不仅要看到大学生已经存在的问题，而且要看到大学生未来良好的发展趋势。再次，要坚持定性和定量相结合的原则，定性要慎重，定量要正确。最后，要坚持民主评定，充分激发大学生的民主意识、发挥大学生的民主权利。

三、新媒体视域下高校育人制度建构

（一）加强校园网络舆情全程管控机制

校园网络舆情是在高校校园网络中形成的广大师生对学校及社会的意见、认知和情绪的集合体。舆情全程监测机制建立在舆论形成与阶段转换理论的基础上。舆论学认为，舆论的形成经历了矛盾向议论转化、个人意见的扩展、突发事件的激发及舆论“意见领袖”阶段转换，其所在形态也依次体现为潜伏、激发（爆发）和消退转化三种不同的形态。舆论形成机制及阶段转换规律为校园网络舆论引导与控制提供了理论基础。

1. 健全组织保障机制

做好校园网络舆情收集与分析工作的前提是高校有力的组织保障。第一，高校需要设立一个覆盖面广、结构合理、反应灵敏、协调统一的工作平台，便于及时、全面地了解不同领域、不同层次、不同类别的舆情。第二，需要有一支政治性强、业务精、专兼结合、训练有素的网络舆情分析队伍和专门的舆情分析机构，使收集到的舆情能够得到准确深入的甄别、分析、研判、报送，为做好舆论引导与调控提供科学的决策参考和对策建议。

2. 建立预警机制

研究表明，危机事件产生的直接原因 80% 以上来自基层，危机事件是能够在基层解决的。在某些舆论观点还没形成群体效应之前，其影响范围还比较有限，故较容易予以控制和规避。因此，建立校园网络舆情预警机制的重要意义得以凸显，它包括校园网络舆情的收集与分析。正所谓“凡事预则立，不预则废”，校园舆情的收集、分析与评估，是科学、高效实施大学生舆论引导与调控的前提和基础。需要强调的是，随着现代传播媒介的广泛运用，网络舆论的产生和演变更为迅速、复杂，网络舆情的收集和监测、分析难度越来越大，对网络舆情的预警形成了有力的挑战。因此，这里的网络舆情预警特指校园互联网。

预警概念源自自然科学，特指针对自然灾害事件所做出的预测性研究，后才被引入社会科学领域。网络舆情预警是指根据社会发展需要和目标，通过一定的技术手段，对网络舆论变化动态进行连续性的跟踪、监测、度量及数据采集，依据一定的标准，对其进行评价分析并预测其发展趋势，进而采取进一步措施。一般来说，完整的预警体系包括预警指标设置、预警等级划分、预警测度标准、预警方法与途径、预警活动等要素，完善的预警体系可以使网络舆论的预警结果达到最佳。具体包括以下内容：

第一，信息收集。校园网络舆论包含的信息量大，单靠人工方式来进行收集有较大难度，因此必须依托现代化信息技术手段来完成对海量信息的收集，如网络信息挖掘技术。通过该技术，高校育人工作者可以根据信息的需求，设定信息主题，迅速实现将网络信息到本地数据库的抓取。另外，为了增强收集针对性，对于校园网络舆论信息可以进行分类收集。对于某些能够集中反映校园网络舆情的舆论平台、关键人物和网络议题实行重点跟踪，进行重点收集。

第二，信息分析。信息分析又称情报研究，是指对各种信息的对比、研究，以期发现客观存在的事实或规律性的活动。具体来说，是将采集的信息利用统计学相关知识对当前热点议题进行甄别，统计因子应该考虑发布时段、关注度、信息来源、重点人物、大致倾向等，通过数据和软件工具得出相关的分析结果。

第三，发现舆情。通过以上信息收集和分析，可以使高校育人工作者从纷繁复杂的网络信息中发现近期的热点话题及变化趋势。但网络舆论是在不断变化的，有的得不到更多人的响应逐渐式微，有的在某个时段已经达到顶峰，有的还在不断发展。针对不同的情况高校育人工作者应该做出敏锐的判断。对于持续升温的舆论，须尽快做出预警，同时对该议题的变化趋势保持高度关注，尤其是注意其中的代表人物和舆论平台。

第四，筛选舆情。当校园网络中的热点话题被发现后，就需要对网络舆情进行筛选。需要注意的是，大学生共同关注和感兴趣的话题较多，网络话题涉及的内容和信息比较复杂，和高校育人的关联度也有远近之分，如有的纯粹是兴趣爱好，也能使很多人产生共鸣，这就需要进一步做出甄别筛选。单纯的兴趣爱好话题对校园网络舆论环境的负面影响不大，而那些和大学生思想倾向、政治观、道德观、法治观有紧密联系的热点议题就必须进行分析和跟踪。

第五，判定等级。在对校园网络热点议题进行筛选之后，可以借鉴《国家突发公共事件总体应急预案》的思路将这些网络热点议题划分为轻警情、中度警情、重警情和特重警情四个等级，可以分别用蓝色、黄色、橙色和红色来标识。蓝色：

网络舆情的关注度低，传播速度慢，影响在小范围内，没有转化为舆论的可能。红色：舆情关注度极高，社会高度关注，传播速度非常快，影响扩大到社会。黄色和橙色：介于蓝色和红色之间，属于舆情从轻度到特重的过渡阶段。一般而言，校园网络舆情出现黄色级别，高校育人工作者就应该给予必要的关注。

第六，决定是否要实施预案。在对网络舆情等级界定后，网络高校育人工作者应该将舆论动态向相关主管部门实时上报，为相关主管部门的决策制定提供参考依据。根据舆情预警等级，在对其影响力和发展趋势进行综合判断的基础上，决定是否要采取必要措施对该舆情的发展进行引导和干预。同时继续保持对信息的收集工作。

第七，实施预案。高校育人工作者根据决策判断，对那些可能对校园安全和稳定产生影响的网络舆情及时进行引导和干预。相关部门联动，根据经验和研究成果提前做出干涉预案，对不同等级的舆情，实施不同的预案，以保证校园网络环境的和谐、健康。

（二）落实网络实名准入制度

所谓实名准入制，即在办理和进行某项网络业务时需要提供有效身份证明的一种准入制度。这里实名准入制只是“有限”的后台实名，个人的真实身份并不一定要和网名一起在网页上出现，而只是在后台系统里进行管理。在前台，用户可以使用自己喜欢的名称（昵称）从事网络行为。只要网民没有做危害公众利益、违反国家法律的事，真实姓名属于隐私。而一旦触犯了有关法律法规，网监部门将会依据真实身份进行调查和处罚。作为服务广大师生学习和生活的平台，校园网无疑在教育事业和校园建设等方面发挥了重要作用。后台实名准入制能在一定程度上消解虚拟性所带来的网络问题，能进行有效的监管。无论手机等移动互联网络，还是传统互联网络，实行实名制有利于行业主管部门进行监管，有利于建立和谐的网络生态环境。

第四节 构建新媒体视域下高校合力育人机制环境

一、高校与社会合力育人机制的建立

（一）明晰思想政治教育的主体

思想政治教育主体是指编制一定思想政治教育内容，对教育客体施加思想政治教育影响的组织或个体。思想政治教育主体主要包括思想政治教育的阶级主体、学校主体、家庭主体和社会主体等表现形态，各种主体呈现层次多样、效力不一的区分特点。

思想政治教育的阶级主体是思想政治教育最根本、最权威的主体。可以说，一定的思想政治教育究其本质就是为了实现一定阶级尤其是统治阶级的话语主导和思想主导，维护阶级统治。因此，统治阶级既是思想政治教育的价值主体，又是思想政治教育的实践主体，并且其价值主体地位决定了统治阶级必然要在所有实践主体中占据统领地位，扮演指导者的角色。思想政治教育是统治阶级进行思想生产和分配的重要手段，反映统治阶级意识形态的政治观点、道德规范和价值观念，构成了思想政治教育的核心内容，在这种情况下，整个思想政治教育体系则能确保服从和服务于统治阶级的政治与思想统治。统治阶级在思想政治教育各主体中的重要地位又是由其经济政治统治地位保证的，并且建构起制度化的思想政治教育话语运行体系，将思想政治教育机构、思想政治教育资源以及其他思想政治教育主体都纳入其中，进行整体规划和系统管理，推动统治阶级意识形态社会化。

学校是进行思想政治教育的重要场所，目前国内高校都有一批思想政治教育的专职承担者，他们构成了思想政治教育的“主体群”，其中包括学校党政干部、共青团干部、思想政治理论课教师、哲学社会科学教师、辅导员、班主任以及学校其他教职工等。思想政治教育的学校主体将阶级主体所拟定的思想政治教育话语由思想理论体系形态重组和转化为符合教育教学需要的教育信息体系形态。这些教育信息体系根据学校主体群中主体职务和工作内容的不同，分别通过教学育人、管理育人和服务育人等多种多样的形式进一步具体化为不同的思想政治教育形态，在不同的话语情境中通过不同的话语平台发挥作用。尽管不同的学校主体看起来工作方式、话语内容、话语风格以及组织的话语形式都不一样，但实质上都是在做同一件事，即全员参与学校思想政治教育的构建与行使。

思想政治教育的社会主体是思想政治教育分布最广泛的主体，社会主体从广义上来说与阶级主体、学校主体、家庭主体都有交叉关系，但是将它专门作为思想政治教育的一类主体列出，主要是为了突出其有别于以上主体类别的广泛社会性。社会生活既构成实施思想政治教育的大环境，又直接成为思想政治教育活动的参与因素，思想政治教育社会主体的承担者既包括相关社会组织和机构，也包括社会意见领袖、话语精英、典型人物等。相比阶级主体、学校主体和家庭主体，思想政治教育的社会主体更具有非正式、非系统性的特点，其思想政治教育往往同社会事件、社会活动结合在一起。

思想政治教育的阶级主体、学校主体、家庭主体和社会主体共同构成了立体的多层次的思想政治教育主体结构，使思想政治教育呈现多种形态，并以多样的教育形式与受众接触，各个主体的综合作用决定着思想政治教育的整体效力。

（二）高校与科研院所、企业合作育人机制的建立

1. 存在的主要问题

（1）缺乏有效的合作机制

由于高等教育与科研院所、企业合作时间不长，基本还处于点状的、浅层次的初级合作阶段，缺乏有效的合作育人机制，不能充分整合双方的优势资源并促使合作效益最大化，未能建立稳定的、可持续发展的校企合作关系。大部分双方没有共同组建合作组织、联合机构或管理部门，没有固定的交流场所与互动合作平台，尤其缺乏共同的愿景、明确的合作章程、必要的校企合作资金等。大部分高等院校在合作过程中缺乏基于共同发展的动力机制、基于互惠多赢的利益驱动机制、基于校企合作的保障机制、基于优势互补的共享机制和基于文化融合的沟通机制。这样，双方就很难就课程开发与实施、应用技术研究、订单式培养、企业员工培训等工作，根据彼此的优势资源和利益诉求，进行科学合理的调整。另外，在合作中学校和企业主体作用都没有得到充分发挥，对校企合作缺乏系统整体的规划，对双方利益缺乏综合考虑，双方合作育人计划性不强，许多工作只是临时地阶段性地做出安排。只有在需要落实订单培养基地、顶岗实习等事项时，相关人员才通过联系洽谈予以确定。这样，双方的合作虽然花费时间和精力较少，但是合作效益并不明显，而且高校培养的人才与企业的要求还有很大差距。

（2）缺乏必要的利益保障

利益是双方产生合作驱动力的根本源泉，高等院校与科研院所、企业合作应该建立在一定的利益基础之上。当前，大部分高等院校与企业在合作利益的认知上还没有形成共识，双方的利益契合点不明确，学校服务社会的能力与企业期待之间还存在较大的差距。高校在合作中考虑更多的是如何借助外部资源，为培养高素质技能型人才服务，强调行业企业支持高等教育的责任和义务，而较少思考如何用自身的优势为行业企业提供技术支持和服务，科研院所考虑学生的短期性和专业性差异等因素也不积极。企业因接受学生实习实训而在场地设备以及技术骨干等方面产生的成本该由谁承担，校企合作共建的基地怎样合理安排生产和实训任务，校企合作的“订单班”学生毕业后改行或到其他企业就业该如何处理，专兼职教师合作开展的研究成果的收益该如何分配等问题还没得以解决。双方合作育人过程中涉及的各种利益没有相应的政策或制度给予保障，对企业支持职业教育的优惠政策也不够完善。

（3）缺乏良好的合作环境

我国高等教育界在主观上已经比较重视与科研院所和企业合作，但合作育人的内外部环境还不理想。首先，无论是科研院所、高校校还是企业都对校企合作育人存在认识偏差，主要着眼于解决校内实训基地不足的问题，合作内容比较简单且不深入，形式也比较单一，局限于开展订单培养、共建基地、顶岗实习等方面的合作。另外，高校和企业作为合作育人的主体，由于一些主客观的原因，不明确合作究竟要做什么、具体应该怎么做，没有很好地从高职教育规律和双方的利益需求出发进行合作，合作育人成效不高。

2. 针对问题所采取的措施

应加强教学科研紧密结合，建立教学科研协同培养人才的机制。

（1）整合教学和科研实验室资源，加大对本科生开放力度

科研院所人才资源丰富，拥有优越的科研条件和丰硕的科研成果，可以为高校学生提供重要的人才、智力、技术支持。同时，高校学生又作为新的人才资源，不断地补充科研院所的科研力量。

目前，科研院所通过对本科生开放专业实验室、中试实训基地、国家和部级重点（工程）实验室、校内研究实验室（中心）和公共技术平台等，鼓励与支持科研实验室为本科生开设学科前沿的实验项目，将科研成果转化成实验教学项目、引入学科前沿技术与方法等，引导学生早期进入科研，了解科技最新发展和学术前沿动态，向学生传授科研理念、科研文化、科研价值，激发学生科研兴趣，启

迪学生科研思维，培养学生科研道德，提升学生科学研究和科技创新的能力。

（2）加强与科研院所的密切合作，搭建校外产品研发训练平台

通过与科研院所联合申报科研项目、合作开展项目研发，为科研院所提供技术支持、人员培训等合作，高校在科研院所建立“大学生科研创新实践基地”，为学生提供更多参与项目研发的实习实践机会，使学生得到产品研发全过程的综合训练。

（3）聘请科研教师和企业专家作为本科生专业实践教学指导教师

加强实践教学师资队伍建设，增强实践教学指导能力，是有效构建实践育人教学体系的关键。为此，一是加大对实践教师的招聘引进，优化结构；二是鼓励理论教师走出去，到企业参加实践工作，进一步做好技术咨询、项目开发或员工培训工作，积累教学所需要的职业技能、专业技术和实践经验；三是在实验中心管理下，建设一支过硬的实验员队伍，要求实验指导教师参加全国通用的岗位技能培训，并要取得上岗等级证书或职业资格证书；四是加快兼职教师队伍的建设，按照不求所有，但求所用的原则，聘请企事业单位的专家、在实践基地具有丰富经验的技术骨干作为兼职教师，组建一支以专职为主、专兼结合的实践教学师资队伍。

（4）将学科前沿技术与方法和科研成果引入实践教学中

学科前沿的技术与方法是指该学科在基础知识上的学术水平和实践领域的最新发展。将学科前沿的技术与方法引入实践教学中，不仅能使学生紧跟学科发展的动态，开阔视野，提高学术水平，而且能培养和激发学生的科研能力和创新能力，缩短学生学以致用的周期，适应现代社会对创新人才培养的需要。

（三）高校与政府、社会协同育人机制的建立

1. 存在的主要问题

（1）与政府、社会协同育人的有效机制缺乏

近年来，高校实践育人活动的实施取得了新进展，一届又一届的大学生在丰富多彩的社会实践中“受教育、长才干、做贡献”，不少人成长为各条战线可堪大用的栋梁之材。然而，站在全面提高教育质量、建设高等教育强国新的历史起点上，实践育人依然是高校人才培养中的薄弱环节，高校和学生对社会实践重视程度不够，更重要的是学生社会实践机制建设不够完善，存在缺乏组织领导体系、程序不规范、基地建设不稳定等困难，所以实践活动在实施中存在主动与被动、务实与敷衍、普惠与点缀、深入与维持的差别。实践育人的内容、形式和组织实

施与社会发展、教育提高、个人成才要求相去甚远。

（2）政府的主导作用没有得到充分发挥

以往政府在与高校和社会协同育人合作中没有充分发挥其主导作用，我国还缺乏制定类似德国、瑞典等国家的有关校企合作的相关法律，如缺乏政府为高校制定的指导性、纲领性社会实践法律文件，也缺乏高校为社会服务的相关法律、政策文件的支持。

2．针对问题所采取的措施

（1）政府加大支持力度

近几年，随着社会对人才培养的需要，高校和社会联合育人工作得到了党和国家的高度重视，先后出台了一系列政策措施。政府要积极提升企事业单位参与高校实践育人工作的积极性，要不断在税收、保险等政策层面上进行完善，支持企事业单位积极承担实践育人工作的责任。

（2）各级领导协同重视

高校与政府职能部门和社会协同建立育人机制，不仅能充分利用政府的政策指导，资金的资助，还能利用社会拓展实践空间，回馈造福社会，达到协同育人效果，满足社会对学生的总体期望。近年来，各高校都处在加强内涵建设、提升质量的关键时期，这也是高等教育大众化阶段的必然要求，各方面的建设都需要加大经费投入。为此，政府职能部门注重加强各高校世界银行教育贷款、日元贷款、中央修购、中央地方共建、“211工程”和“985工程”以及修购专项支持建设经费等项目的引导申报工作，更妥善地指导各高校处理好规模、质量、结构、效益的关系，使各高校准确把握好整体推进和重点推进的关系，集中力量谋发展、促发展。

总之，高校不再是“关起门来办学”，应与科研院所、企业、政府和社会等相关行业建立广泛合作、优势互补、互相支持、互惠互利的伙伴关系。把培养具有强烈创造欲望和创新能力的人才作为最根本的任务，满足社会需求。

二、加强教学管理创新，丰富合力育人机制的内容

（一）新媒体环境下的教学管理持续创新的必要性

为了适应新媒体环境给教育教学带来的影响，高校既要进一步加强教育教学的改革创新，又要不断创新教学管理等，以充分发挥管理育人的作用。新媒体环境下教学管理的创新，并非仅仅在管理过程中利用新媒体技术，而是从理念、组

织形式、人力资源利用、方法、路径等多个维度，从决策、组织、实施、协调、监督、总结等全过程持续创新。只有这样，教学管理才能够适应新媒体环境，解决当下教育管理中出现的种种新问题和新现象，才能够与时俱进，更好地助力学生成长成才，培养社会主义建设需要的新时代人才，从而以中国式现代化全面推进中华民族伟大复兴。我们可以看到，如今我国已经进入重要的发展转型节点，社会各个方面都处于巨大变化之中，新形势下，高校教学管理若想持续发挥正面作用，就要加强管理创新，尤其要进一步提升高校教学管理的组织力和协调力，调动高校内外部所有资源和主体，形成教育合力，加强协同育人，而新媒体环境下，信息技术的不断革新，为此提供了有力的支撑。

对于高校发展而言，教学管理持续创新十分必要且关键，如今教育改革不断深化，以往的教学管理理念已经落后于时代发展，难以培养出当下社会需要的新时代人才。高等教育大众化，学生数量激增，既给以往的教学模式带来了挑战，也要求教学管理部门及管理人员进一步提升管理能力和水平。高校生源不同，因此学生的基本情况不同，学习需求多样，为了适应这一状况，高校必须不断创新教学管理制度。这样方可更好地整合校内外的教学资源并优化利用，从而满足教学需求，满足学生全面发展、个性发展的需要。

（二）新媒体环境下教学管理持续创新的举措和思路

教学管理持续创新对推动学校不断发展、适应社会对人才的需求具有重要意义，而保持持续创新的动力就源于新媒体时代的到来，因此如何合理规划这样一个大数据平台成为众多高校信息化发展的一个重要战略。如华东师范大学校园一卡通的预警系统通过饭卡餐饮消费数据了解学生的经济状况，如果花销比正常情况明显少，校方就会通过短信联系学生本人。这虽然是一个很小的高校数据分析案例，却给了教育者更多的启示。新媒体时代高校同样可以利用已经积累的历史数据，来推动学校教学管理的持续创新工作。构建新媒体分析平台，可以采取以下几个方面的举措：

1. 提高对教学管理持续创新的认识

教学管理持续创新对高校教学改革来说是一个永恒的话题，随着高校教育信息化的深入，原有教学管理模式也应不断地进行创新和调整，作为教学管理部门的领导和工作人员应该清醒地认识到这一点，创新是时代的特征，也是学校跨越式发展的灵魂。在目前的大数据背景下，教学管理持续创新对高校的进一步发展来说尤为重要，而目前的教育信息化也为学校的持续创新提供了一个难得的机会。

教育信息化指的是将现代信息资源和技术与教育的各个方面和全过程的有机融合，需要从教育思想和观念上有所转变，需要用信息思维和信息观点重新认识和深入分析教育系统。唯有如此，才能更好地将信息资源与技术同教学充分融合，进而实现教育信息化。如今，国家高度重视并大力开展信息化建设，已经在政务信息化和企业信息化建设领域取得较好的成绩，相比之下，高校信息化建设略显不足，这主要是因为高校没有从思想上充分地认识到教育信息化的内涵和重要性，缺乏竞争意识，没有彻底地变革传统的管理理念和思维方式。

2. 教学管理理念的创新是高校教学管理持续创新的前提

教学管理理念是一种思想，人的行动会受到思想的支配，只有在正确思想的指导下，才能够采取正确的行动，只有在思想上具有积极性，才能够积极地采取行动，有统一的思想才有统一的行动。作为现代高校教学管理人员，应该深刻领悟和体会“以人为本”的创新理念。

高校应当将“以人为本”作为根本的教学管理理念，以学生的需求和发展为一切管理行为的出发点和落脚点。“以人为本”的教育理念自提出后就为教育界广泛认可和接纳，目前已经成为我国教育的根本价值取向，指导着各个学校和教育工作者的教育行为。“以人为本”的教育理念要求高校教学管理坚持和落实一切为了学生的价值理念。第一，高校教学管理要尊重学生。认识到学生是独立的、能动的、差异化的个体，尊重他们在个性、学习和生活方式、思想观念、个人能力等方面的差异，既要注重知识传授，又要注重人格塑造，构建轻松活泼、健康阳光、积极向上的校园环境，促进学生人格完善和个性发展。第二，高校教学管理要立足于学生实际。以社会实际为基础，围绕着学生的需求和接受能力来明确教学管理的内容、方式、手段等，所有脱离学生实际的教育改革和教学管理创新都是无用功。第三，高校应当将“以人为本”充分融入每一个教学管理人员的理念，充分融入教学管理的各个方面和各个环节。只有教学管理人员的教学管理理念创新了，才会有教学管理实践的持续创新。

3. 构建教学管理大数据平台，为教学管理创新提供支持

数据仓库是面向主题的、集成的、稳定的、随时间变化的数据集合，它用以支持经营管理中的决策制定过程。目前已经有许多高校建立了各种信息系统和数据平台，但各种信息系统和数据平台各自为政，没有统一规划，缺乏协调机制与畅通的合作渠道。教育信息化只有基于先进且完善的信息资源建设才能够实现。作为信息资源建设的一个重要平台，教学管理数据仓库平台的建设显得尤为重要。然而目前高校的信息资源建设严重滞后，各个教学管理部门，如教务处、学生处、

财务处、就业中心、实验室、图书馆等，都会收集和产生大量的学生信息资源，但是它们往往采用档案袋等纸质媒介和电脑硬盘来存储这些信息，难以实现信息共享，往往会重复收集同样的学生信息，增加了工作量，并且信息利用率也不高。原因在于：第一，领导层没有对管理部门进行有效的协调和统一指导；第二，没有统一的信息资源建设标准，存在低水平重复建设问题并且各部门信息难以兼容；第三，管理部门之间缺乏协调与合作，难以集中力量进行信息资源建设。

4. 改变观念，提升教学管理人员素质

很多教学管理人员对于自身工作认识不够全面，将教学管理视为不需要专业知识和技术的流程性工作，认为自己只要能够以良好的服务态度，熟练地完成工作内容即可。与此同时，高校忽视教学管理人员培养工作，教学管理人员的考核评价中缺乏关于专业能力的客观指标，在招聘、选拔时缺乏对专业素质的要求。在新媒体背景下，需要有懂技术的高素质的信息化管理人才参与其中。没有教学管理人员素质的提升，教学管理工作不可能持续创新。

教学管理人员应当转变理念，不断学习信息技术和专业管理知识与技能，提升自身素质，同时不断尝试新的管理方式和途径，不断在自身工作中大胆创新。教学管理人员应当掌握一定的信息技术并将之应用于自身工作，借助教学管理平台，进行学籍管理、考试和成绩管理、课程信息和教学计划管理、学分管理，安排网上选课等，应当能够借助各种计算机软件，录入、处理、传送、存储数据，解决以往数据查询难、传送难、处理效率低等问题。

三、整合高校资源，构建合力育人机制

（一）加强高校育人主体的优势互补

思想政治教育的阶级主体、学校主体、家庭主体和社会主体居于思想政治教育主体的不同层次之上，它们各有优势，同时也各有缺陷。而思想政治教育权效力的形成和发挥有赖于各层级思想政治教育主体的综合作用和整体配合，因此加强思想政治教育主体的优势互补是促进思想政治教育育人权力量整合的题中应有之义。

思想政治教育的阶级主体具有政治优势和组织优势，能够对思想政治教育活动进行系统安排和组织协调。首先，其政治优势是由其政治统治地位决定的，阶级主体是思想政治教育的顶层设计者，总体把握思想政治教育的性质、目标以及内容体系，使思想政治教育体现其阶级意志和阶级属性，并统筹规划思想政治教

育的各种实践活动，推动文化知识以及阶级意识形态的传承与再生产，为阶级统治培养合格的建设者和可靠的接班人。其次，思想政治教育的阶级主体还具有组织优势。凭借政治强力的保证，阶级主体得以建构起一套实践国家思想政治教育的组织体系，配备相应的资源，安排大量专门人员，并且提供相应的教育制度予以保证，而“任何教育制度都是维持或修改话语占有以及话语知识和权力的政治方式”[①]，因此阶级主体的政治优势与组织优势相互渗透、相得益彰，保证了其思想政治教育的权威性与正统性。但是，阶级主体要运用阶级意志和阶级理想来凝聚、感召阶级成员和广大社会成员，还面临着如何使思想政治教育的阶级基础与社会基础相互交融的难题，以及处理好历史与现实、政治与生活、先进性与广泛性之间矛盾的挑战。这些问题与矛盾处理不好，就会导致阶级主体的思想政治教育大而无当，脱离实际，不被人接受。因此，阶级主体需要其他思想政治教育主体的配合与支持，促进其实践方式的多样化，增强思想政治教育的可接受性，推动思想政治教育育人的社会化，并使阶级主体的政治优势与组织优势落到实处。

学校主体拥有专门性、常规性的平台，并且凭借学校的教育安排和教学组织能够保证系统、正规的思想政治教育活动有序开展，推动思想政治教育信息的输送。学校为思想政治教育提供主阵地、主课堂和主渠道，在党政统一领导，专兼职队伍相互补充结合的运行机制下，思想政治教育的学校主体根据受教育者的需要，将阶级主体拟定的思想理论体系形态的信息编制成思想政治教学信息，通过课堂教育、活动教育、管理教育等方式传达给受教育者，渗透到受教育者学校生活的方方面面。学校主体的受众局限在学生群体，而学校自身也只是思想政治教育场所的一部分，在空间上也是有限的，一些学校教育缺乏与社会的交流互动，容易造成脱离实践、远离现实的弊端，阻碍受教育者将思想政治教育信息内化为自身的素质和信念，也阻碍了思想政治教育信息外化为良好的行为习惯。因此，学校主体需要阶级主体为其提供指导和保障，同时也需要与家庭主体和社会主体相互配合，增强学校思想政治教育育人的理论说服力和现实阐释力。

思想政治教育的社会主体拥有广泛的教育空间、多样的教育平台，与受教育者的社会生活交织融合。因此，社会主体的思想政治教育现实感、实效性很强，表现形式非常丰富多样，能够自然地而非生硬地将思想政治教育信息传输给受教育者。但是，正是思想政治教育社会主体的广泛性、多样性，使得社会主体之间的协调性受到考验。另外，思想政治教育的社会主体在开放的教育空间中如何使

① 许正林. 欧洲传播思想史[M]. 上海：上海三联书店，2005.

得自身的思想政治教育话语能够在鱼龙混杂的社会话语场中突出主旋律的声音，引导舆论风向、形成正面气候，也是横在思想政治教育社会主体面前的一道难题。因此，思想政治教育的社会主体要发挥整体效应，离不开阶级主体的指导和管理，离不开学校主体与家庭主体的参与和配合。

（二）构建高校育人主体的联动机制

要实现思想政治教育权的力量整合，必须仔细筹谋、细致部署，构建思想政治教育主体的联动机制，包括各类思想政治教育主体的内部联动机制和各思想政治教育主体之间的外部协同机制。

1．内部联动机制

思想政治教育的阶级主体层面，应该建立党委统一领导下的各级组织负责制，以党政办、宣传部门为重点，其他各部门提供协同配合，确保明晰权责、相互承接，做到政令统一、传达顺畅、贯彻有力，合理配置教育资源，妥善安排实施方案，使阶级主体的思想政治教育成为其他社会主体思考和行动的导航标。要推动学校主体群组建成一支强有力的思想政治工作队伍，既要求不同的学校主体根据权责职能将阶级主体的思想政治教育内容转换为不同的教育形式，又要求各学校主体之间的思想政治教育中心统一、相互配合、互相印证，形成思想政治教育统领学校科研、教学与管理，科研、教学与管理支持思想政治教育的生动局面。家庭主体层面，要充分加强思想政治教育话语家庭主体之间的协调沟通，在教育理念上保持一致，在教育方式上互相配合，而不是互相冲突，削弱教育力量，尤其要注意提高家庭主体的思想认识水平和道德觉悟，以保证家庭主体的思想政治教育信息能给予子女正面的、积极的教育引导。创造交流机会，积极促进家庭成员间的代际民主沟通，使家庭教育主体和客体在换位思考、相互理解之中，实现教育的融合与思想的进步。思想政治教育的社会主体层面，要注意积极增强社会主体的责任意识，各种媒体、重点网站、社会文化机构、文化部门与艺术团体要坚持弘扬主旋律，为受众提供丰富的精神食粮。公众人物、话语精英和“意见领袖”须用好教育权，在公开的教育平台上发布言论、观点要注意社会影响，传递正能量，给受众以正面导向。

2．外部协同机制

思想政治教育的阶级主体、学校主体、家庭主体、社会主体的划分仅仅是为了分析不同思想政治教育话语主体的类别。实际上，四类思想政治教育主体无论是从人员构成上还是从影响上都是相互交织、不可分割的，思想政治教育权的力量整合需要建立四类思想政治教育主体的外部协同机制。首先，要确立思想政治教育阶级主体的统筹领导机制，以阶级主体的思想政治教育内容为指向，在大是大非面前权威发声，坚持用科学的、真实的与先进的思想政治教育内容为学校、社会、家庭的思想政治教育定调子、明方向，建构相应的制度和规范保障，组织统筹其他思想政治教育主体的活动，形成各级教育主体相互配合、相互支持的局面。其次，要确立各类思想政治教育内容的融合统一机制。尽管各类思想政治教育主体因其社会地位、职责权限的不同，在教育空间、教育形式以及教育活动方式上有很大差异，但是必须保证思想政治教育思想内核的融合，以及话语引导方向的一致，否则就会相互冲突、相互解构，影响思想政治教育权的构建。最后，要建立各类思想政治教育主体之间的协调转换机制。思想政治教育的阶级主体、学校主体、家庭主体以及社会主体在保持各类思想政治教育思想内核与方向融合一致的基础上，进一步彰显各类教育主体的优势和特色，对社会主流价值观点、思想观念进行不同形式的表达，推动话语表达的协同转换，使受众不同的生活层面和生活领域实现思想政治教育核心内容的印证与重复，可以进一步增强思想政治教育的说服力和影响力，从而推动思想政治教育权建构和提升。

（三）形成高校育人主体的整体合力

在马克思看来，所谓合作形成合力，意在强调合作不仅提高了合作参与者各自的力量，而且创造了“集体力”这种“新”的生产力。思想政治教育的阶级主体、学校主体、家庭主体以及社会主体通过明晰地位、优势互补以及建立联动机制，在相互配合、相互作用中，同样获得了整体合力，这种整体合力是单凭各个主体“一枝独秀”“各自为政”或“各人自扫门前雪”所不能形成的，是大于各教育主体各自力量加和的综合效力。形成高校育人主体的整体合力就是要构建高校育人各类主体的互动支撑体系，在各类主体实现有机结合、协同发展的条件下，借助彼此之间的互动支撑，各类教育主体自身的缺陷获得了弥补，并且具备了进一步发挥自身优长的条件，信息传播渠道和反馈通道更为顺畅，使教育主体在整体效应的支撑下彰显和实现自身价值。

第四章　新媒体视域下高校校园文化环境构建

校园文化是社会文化的缩影，它直接、具体、细致入微地作用于高校生活、工作、学习的方方面面，在文化与教育的双重作用中各自发挥自己独特的作用。本章从新媒体对高校校园文化繁荣的推动作用、新媒体环境下高校校园文化建设创新、微信公众平台在高校校园文化建设中的应用三个方面阐述新媒体视域下高校校园文化环境的构建。

第一节　新媒体对高校校园文化繁荣的推动作用

一、新媒体环境下高校校园文化的新变化

（一）教育途径多元化、获得知识和信息的渠道多元化

新媒体环境下，信息技术的革新拓宽了教育途径，创新和丰富了大学生获取知识和信息的渠道。以往，大学生的学习以课堂教学为主，教师掌握知识，大学生处于被动位置。如今，大学生可以借助网络获取各种学习资源，进行在线学习，重新掌握了学习的自主权，可以选择自己喜欢的方式和内容来学习。课堂教学方式也更加活泼多样，如大学生可以借助微信、QQ 等与同学和教师讨论，也可以借助微博、论坛等与网友交流学习。新媒体技术可以实现信息的快速和广泛传播，为大学生创造了获取知识的多元化渠道，可以使大学生了解本学科的各种知识，从而构建更加合理的专业知识结构；也可以使大学生广泛涉猎非本学科的知识，开阔视野，拓展知识面，从而提升综合素质；还可以使大学生了解就业市场的变动，并随之调整自己的学习计划，从而提升自身就业竞争能力。

（二）高校校园文化主体的参与方式呈现新的特点

高校校园文化主体包括学生、专业教师、行政管理人员、后勤人员等所有的学生和教职工。新媒体改变了人们的生活方式，也改变了高校校园文化主体参与高校校园文化建设的方式，使之呈现出如下特点：

1. 交往的虚拟性与平等性

新媒体的基本特性是虚拟性，网络创造了一个虚拟的交往空间，在这个空间中，人们不知道彼此的现实信息，可以吐露自己现实生活中无处倾诉的心事。这种虚拟空间的交往中，人们的角色也是虚拟的，不像现实生活中那样存在上下、长幼等等级性的关系，可以以平等的身份交往，更少地受到现实交往的种种限制，即使是借助微信、QQ 等与师长交往，也比面对面地交往更加自由和平等。总之，新媒体环境下，人们的交往具有虚拟性和平等性，这为高校教学管理提供了良好的条件。教学管理者可以通过新媒体平台了解本校大学生对于学校的评价和需求，从而改进自己的工作；了解大学生的思想动态，从而调整思想教育工作计划；以虚拟身份平等地与大学生交流，大学生在个人隐私得到保障的情况下会更加自由地发言、更加积极地互动，从而有利于教学管理者更高效地开展各项管理工作。这种新的交往方式可以激发大学生与教师互动的积极性，使大学生更加积极地参与校园文化建设，配合学校教学管理。

2. 选择的自主性与多样性

大学教育阶段，学生正处于身心发展的关键时期，尚未形成成熟的“三观”，非常容易受到外界各种思潮的影响，在价值取向上具有显著的多元化特征，并且个人意识更强。网络的开放性、虚拟性、互动性和包容性让学生的这些特点更加凸显。网络文化是一种混合型文化，包含庞杂的信息，容纳了各种各样的思想和文化，每个人都能够在其中找到符合自己需求、兴趣爱好的文化，具有极强的自主性。另外，网络的多样性表现在：第一，网络集中了大量鱼龙混杂的信息，网罗了各种类型的文化，网民可以通过不同的链接接触各种不同的文化。第二，网络便利了人们的交往，人们可以非常轻松地参与各种交流和活动，小众爱好者也可以找到很多“同好”，口齿不便者也可以轻松交流。第三，网络超越了时空条件对于交往行为的限制，人们可以随时在网络上获取信息，与网友交流，进行各种网络活动。

3. 展现的自由性和独特性

信息技术的发展催生了新媒体，给传媒行业带来了颠覆性的变革。新媒体为人们提供了一个自由地展示自我个性的空间，在新媒体平台中，人们可以自由地表达自己的种种想法，展示自己的独特个性。我们可以看到各个高校都设置了自己的官方网站，展现自己的办学理念、教育活动和种种成就，并且各个高校、社团、大学生个人也都在微博等社交平台开设账号，以图文影音等方式充分地展示自身风采，这些都极大地丰富了校园文化。

4. 参与的开放性和大众性

新媒体时代是自媒体的时代，每个人都是信息传播的主体，大众文化成为社会文化中不可忽视的强势力量，与传统媒体主导下的精英文化具有明显区别。新媒体环境下的文化参与具有显著的开放性和大众性。第一，网络文化具有开放性，是面向所有人的，覆盖面广泛，每个人都可以借助智能终端参与网络文化。第二，网络文化是大众文化，网络可以接收各个智能终端的信息，并共享和传播这些信息，允许和吸引大众的参与。就高校校园文化而言，校园网不仅可以使大学生共享校园文化信息，还可以使他们自由交流，参与各种校园网络文化活动。

二、新媒体给高校校园文化建设带来的机遇

新媒体环境下，大学生能够借助网络不受时空条件限制获取各种信息，了解社会中的各种动态。在校园论坛、微信群、QQ 群、微博等平台中，大学生既可以针对专业知识相互交流和讨论，又可以针对社会事件等发表自己的看法，积极地参与社会问题的解决。这不仅让大学生开阔视野，获取更多的信息，又让他们在交流讨论中形成多角度分析问题的能力，还能够培养他们关心社会问题、参与社会活动的责任意识和奉献精神。如当河南水灾、甘肃地震等灾难发生时，大学生借助网络了解灾情，转发、扩散灾区人民的求助信息，联系和组织同学捐献物资，甚至组成救援团奔赴灾区参与救灾，展现了当代年轻人的精神风采。

（一）为高校校园文化建设提供了更加广阔的平台

1. 新媒体设施为高校校园物质文化建设提供支持

基于互联网、移动通信等技术，新媒体形成了覆盖面极大的体系，容纳了海量信息资源，信息传输速度快，具有极强的交互性和多样性等，是对传统媒介的一场变革，也在高校文化建设尤其是思想政治教育方面提供了极大的支持。以往的思想政治教育多采取线下活动的形式，如课堂教学、讲座，以及校园广播、宣传栏等，新媒体为其提供了各种新的传播方式。高校的新媒体硬件平台除了以电脑为终端的校园网，学校的教务、教学、学生管理系统，还有移动终端软件、博客、

微软旗下的即时通讯软件、校内论坛、手机短信等崭新的信息传播平台所具有的交互性和新颖性，也对大学生有很强的吸引力。

新媒体具有舆论导向的功能，对于校园的重大活动、社会的主流文化具有引领的作用，宣传时效性强、宣传功能强大、效果明显，是高校以及管理者全方位、立体化宣传校园文化、社会文化、国家文化的重要渠道。高校利用移动终端软件、校园网、校园论坛等新媒体的优势，建设高校校园新媒体硬件平台来及时发布教学管理、思想教育、生活学习等信息，为校园文化的建设提供了新的环境。如新媒体设施自助触屏查询机的使用，使高校学生在获取校园图书信息方面更加快捷、方便，更好地满足了读者的需求。读者能够随时随地获取图书馆的数字资源，也可以与图书馆管理人员进行更好的互动，从而提高了学校图书服务的专业性、及时性，读者的任何问题都可以在新媒体平台上得到回复，这有效弥补了传统的图书信息获得渠道的不足。多媒体教学设备的引进极大提高了教师的教学效率，电子阅览室的出现为大学生获取学术资料提供了便利的渠道。

2. 新媒体开拓了高校校园环境文化的建设

校园新媒体的形式不断丰富，不断影响着高校的大学生，高校的校园文化建设者要认识到新媒体对高校校园文化建设的重要作用。传统校园媒体覆盖范围有限、传播效率低、互动性不足：并不是所有学生都会经常在校报上获取信息；而校园广播也是在固定时间、固定范围内传播信息；校园宣传栏更新速度慢，且缺乏互动性。而新媒体具有拓展环境文化的功能：学校可以利用官方网站公布学校博物馆、校史馆、图书馆等的建筑概况和入馆须知；开设微专栏、微视频等，生动展现学校建筑组群的风貌。

高校校园文化建设能够利用新媒体技术对校内外的种种文化资源进行深入挖掘、充分整合与优化利用，从而更好地传承和创新文化；可以借助多元化的新媒体传播渠道在极大的范围内传播健康积极的思想和文化。新媒体拓展了校园文化建设的平台，丰富了校园文化建设的渠道和方式。

现代社会中，大学生的价值取向多元化特征显著，网络上充满各种价值观念和思想文化，高校必须将网络作为校园文化建设的主阵地，作为引导主流思想的重要武器。高校党组织可以充分利用新媒体平台开展党建工作，将党建工作从线下空间拓展到网络空间，占据校园网络阵地的主导权；借助网络以学生喜闻乐见的方式进行思想宣传，充分地利用网络的优势，提升党建工作成效，坚定大学生党员的理念信念，提升他们的认知水平和思想觉悟，使之更加积极地参与社会主义建设事业。

（二）为高校校园文化建设提供了多种途径

1．新媒体拓展了高校校园文化宣传的新阵地

新媒体使高校校园文化传播内容的呈现方式更具多样性、即时性、共享性。高校管理者利用新媒体平台的优势，为校园文化活动的宣传和开展开辟多种渠道，如利用校园网、校园论坛、移动终端软件、新型成像电子设备等新媒体平台，在新生开学之际积极发挥新媒体舆论导向功能，向新生宣传学校历史传统、校园新闻资讯、学校社团精彩的文化活动等，使新生更全面地了解学校的文化与精神，并快速融入学校的文化活动中。在新媒体这种传播优势下，高校校园文化宣传新阵地得到极大的拓展，也为构建主流校园文化奠定了基础。

2．新媒体为高校大学生提供丰富多彩的文化活动

传统校园媒体受时间空间的限制，影响力和覆盖面也不及新媒体，所以大学生对传统媒体的关注度也随之下降。校园文化活动可以借助新媒体平台，利用其形式多样性的特点满足大学生的多种需要，增强校园文化的传播力和影响力。如今新媒体已经渗透在大学生生活与学习中，越来越多的大学生利用新媒体学习或者娱乐，如利用手机媒体参与微课、微公益等微活动，这类活动也在潜移默化地影响着大学生的思想观念。此外，大学生还可以参与其中，能够随时讨论、留言，并提出意见，这也培养了大学生的独立思考能力。手机媒体不断更新与发展，越来越多的大学生利用手机媒体在第一时间获取社会新闻资讯，还可以下载音乐、观看视频，不仅丰富了课外生活，还提高了对社会的认知水平。通过新媒体平台开展学术研讨会的直播、讲座直播，打破了传统的固定时间和地点的限制，传播的形式和内容也更加多样，大学生根据自己的时间和兴趣选择性地观看，大大促进了校园文化的传播，提高了校园文化的影响力。新媒体在不断丰富文化活动的同时，也给高校校园的管理者提出了更高的要求。监督校园文化活动的合法性、影响性、健康性、安全性，这是当前新媒体推进高校校园精神建设的重中之重。

（三）丰富高校学生的学习和生活

1．新媒体是高校大学生自我学习的重要方式之一

新媒体技术让大学生紧跟时代步伐，不但能够帮助大学生从更多渠道了解学术知识、获取学术资料，而且能帮助大学生从多角度认识问题。一方面，新媒体打破了传统课堂教学中教师教与学的局面，学习资料的不断丰富、网络免费课程的不断涌现便于大学生通过媒介终端随时随地进行查阅学习；另一方面，新媒体

开阔了大学生的视野，不仅能够使大学生不局限于自己所学的专业，面对众多未知的领域发现自己感兴趣的内容，激发他们自主学习的热情，还能方便其与更多志同道合的同学交流分享、讨论互动，全面提升个人能力与素质。

2. 新媒体成为高校大学生人际沟通的主要手段

QQ、微博、微信等的出现，拓展了大学生人际交往的途径和渠道，也为大学生解决社交问题提供了更多的思路和方法。在虚拟的网络空间中，大学生更能卸下思想的负担与顾虑畅所欲言，促进不良情绪的宣泄。所以，与传统的面对面倾诉方式相比，大学生更愿意选择网络新媒体，虚拟空间交流活动已成为大学生不可或缺的交流与倾诉方式。

3. 新媒体拓展了大学生的思维方式

新媒体信息储量大、传播速度快、获取方便等优势不断对大学生的思维方式产生巨大的影响，使大学生的思维得到前所未有的自由，思维的高度、广度、灵活度也不断增加。具体表现在，当一个大学生需要了解某一方面的信息时，脑中会自动产生关键字，利用新媒体搜索会得到丰富的资料内容，这些资料会多角度、多方面地给予大学生信息支持，使其大脑不断联想、不断思考。这样的长期思考习惯会极大地拓展大学生的思维方式。

第二节　新媒体环境下高校校园文化建设创新

一、新媒体环境下高校校园文化建设创新的意义

人类优秀文化和历史能够代代传承、发展至今，离不开教育这个重要的载体。高等教育在教育体系中位于较高层次，不仅承担着优秀文化传递、集成的任务，还通过师生的教研活动创新和发展着文化，使文化随时代发展不断传承和创新。现代高校的三大重要任务和功能在于培养社会需要的专门高级人才，促进科学技术文化创新，为社会发展服务。所以，我们应当加强高校校园文化建设创新，推动其在新媒体时代的不断发展，使新媒体与校园文化深入交融，发挥校园文化传承和创新优秀传统文化的作用，带动整体社会文化的发展。

在新媒体环境下，要从传承优秀传统文化以及推动优秀传统文化基于新媒体的现代化创新两个方面创新校园文化建设。高校校园文化建设创新的意义也在于

这两个维度，高校校园文化建设创新不仅是校园文化发展的自身内在需求，对于高校更好地发挥自身职能，促进高等教育发展以及促进中国特色社会主义文化事业繁荣具有重要意义；而且也是高等教育、校园文化跟上新媒体时代发展脚步的必然要求。

创新是一切事物发展的动力源泉，必须充分立足于社会实践，并且辩证分析、批判传承以往的成果，不能关起门来自己研究，也不能毫无根据地主观臆测。既要与时俱进，在继承传统的同时自我革新；又要基于社会实践，根据社会实践的需要和客观条件来创新。只有不断创新，人类社会才能不断向前发展。文化必须通过不断创新才能够与时俱进、不断延续、永葆生机。所以，高校校园文化建设需基于社会实践，在传承优秀传统文化的同时，融合新的时代文化元素，不断创新。高校校园文化建设创新的意义在于高校、高等教育、社会文化发展三个层面，具体如下：

（一）助推高校职能发挥

高校作为高等教育的主要实施机构，与社会经济、政治彼此影响、互促互进，承担着传承和创新优秀文化的重要任务，必须明确自身定位，积极服务于社会经济和政治发展，同时积极承担自身文化使命。由此可知，高校校园文化建设创新有助于推动高校文化职能和社会服务职能的更好发挥。

1.有利于培养造就高素质人才

高校存在的根本意义在于教育，根本任务在于立德树人，其基本职能就是教书育人。高校所有工作的中心在于提升教学质量，更好地发挥教书育人的职能，既要传授学生专业知识和技能，又要提升学生的综合素质，尤其是创新能力和实践能力，从而促进学生全面发展。高校创新校园文化建设，可以与时俱进地丰富以人为本教育理念的内涵，更好地将以人为本的教育理念与高校教育的各方面融合，构建人文、科学、创新相互交融的人才培养理念，构建通专融合的教育模式，进而促进高等教育教学改革深化，全面开展素质教育，更好地促进大学生的全面发展，从而将之培养成富有创新精神和创造能力的高素质人才。

2.有助于提升高校科研水平

自柏林大学首先将学术研究引入大学以来，大学就具备了培养专门人才之外的第二职能——发展科学技术与文化知识。如今，人类社会已经有了很大的发展与进步，大学已经成为社会不可或缺的一部分，高校不仅是培养高级专门人才的摇篮，也是创新人类文明的学术殿堂。高校创新校园文化建设，有助于营造鼓励学术创新、鼓励科研创造的良好文化环境，潜移默化地促进高校师生提升自身学术和科研水平，鼓励他们大胆创新、积极创造，产出更多的学术研究成果，不断推动高校科研工作的开展，提升高校科研水平，使高校成为科学技术文化知识创新的策源地。

3. 有助于提升社会服务水平

高校教育教学是有目的、有计划的人才培养活动，具有社会服务职能。随着高等教育理念的不断革新，以及高校教育改革的不断深化，如何平衡大学生的个性发展需求以及社会发展对人才的需求已经成为高校工作必须解决的问题。高校创新校园文化建设，有助于不断结合学校内部因素和外部环境的变化调整人才培养目标和教学方式，从而实现大学生个人发展与社会化发展的动态平等，在满足大学生自身发展需求的同时，满足社会发展对人才培养的需求；同时有助于提升高校科研能力，为满足社会发展需要产出科研成果。除此之外，教育面向的是未来，高校不仅要基于当下的社会实际来办学，还要放眼未来，结合社会发展趋势来办学。而高校创新校园文化建设有助于构建前瞻性大学，更好地发挥高校的社会服务职能。

（二）促进高等教育发展

1. 有助于提升高等教育质量

高校校园文化建设以全体师生为中心，为其创造良好的学术研究氛围、健康阳光的文化环境、积极向上的理论环境，提供正确的思想引导。所以创新校园文化建设能够继承和发扬大学精神与良好传统，能够赋予校园文化新的时代精神，使之充满活力，有助于创新高校的办学理念、教学内容和方法、人才培养理念和模式，进而提升高校的人才培养水平、科研水平、社会服务水平，从而全方面地提升高等教育质量。

2. 有助于提升文化育人水平

教育不是单纯的文化传递，而是文化养成，是在教授学生科学文化知识的基础上，培养学生健全人格、高尚精神和价值追求。高校是文化传承与创新的重要载体，在长时间的办学和教育历史中形成了丰富的文化底蕴，通过教育教学创新不断更加有效和充分地发挥自身的文化功能，以自身的文化熏陶学生的情操、塑造学生的人格，使之独立、自立、自强，使之充分地全面发展和个性化发展。高校创新校园文化建设，一方面可以传承和发扬大学精神和传统文化，另一方面可以结合时代精神，创造先进文化，并以此为教育资源培养大学生的综合素养，并且引领整个社会的风尚，使高校更好地传承、创造、发扬优秀文化，成为文化交流、新知识和新文化创造的重要基地，提升文化育人水平。

（三）推进中国特色社会主义文化事业的发展繁荣

高校具有继承、传播、创新、发展文化的功能，是高深文化的发源地，其创新文化建设有助于推进中国特色社会主义文化事业发展繁荣。

1. 有助于保持社会主义的文化发展方向

高校以培养优秀人才为基本职责，作为探究高深学问的殿堂，引领着学术理论的创新，不断产出和孵化各种科技，是社会主义文化事业建设不可或缺的重要主体。高校不仅通过课堂教学来育人，还以自身的文化潜移默化地育人，而文化育人的基础就是高校校园优秀文化的传承和发展。高校创新校园文化建设，一方面可以传承优秀传统文化，另一方面可以结合时代发展创造新文化，探索文化发展的新方向。高校工作是在党的领导下开展的，高校教育是社会主义的教育，高校始终坚持马克思主义理论，坚持走社会主义道路，所以高校可以通过校园文化建设创新，发挥思想引领功能，保持社会主义的文化发展方向。

2. 有助于创新型人才的养成

创新的关键在于人才。我国坚持实施创新驱动战略，构建创新型国家，这要求高校以培养创新人才为重中之重，创新教育已经成为高校教育的重要组成部分，培育创新精神和创造能力已经成为高校人才培养体系的重要目标。高校创新校园文化建设可以构建自由、宽松、平等、活跃、民主的文化环境，有助于学术上形成百家争鸣的局面，促进师生的创新创造行为，激发他们的创造潜能，从而有助于创新型人才的养成，并以此助推社会主义文化事业的繁荣和发展。

3. 有助于提升文化软实力

高校具有发展科学技术文化的基本职能，是创新文化、发展先进文化的重要基地，是文化交流、争锋和展示的重要窗口，是带动整体社会文化发展的重要辐射源，是推进国家文化建设、提升国家文化软实力的重要力量。高校创新校园文化建设，可以不断产出和展示优秀文化成果，为社会文化建设提供优质人才，传承和创新优秀传统文化，发展先进文化，从而促进国家文化软实力的提升。

二、新媒体环境下高校校园文化建设创新的主要内容

我国高校一直十分重视校园文化建设，并且在以往的办学历程中积累了一些经验，尽管当下新媒体的发展导致校园内外部文化环境发生巨大变化，各种思想

观念混杂，但是以往的建设经验仍有可参考之处，需要高校在继承传统的同时，结合新媒体环境的特性加以创新。因此，新媒体环境下高校校园文化建设创新的内容包含两个部分，即传统内容的继承与发展、现代内容的创新。

（一）传统内容的继承与发展

1. 坚持先进方向，统领文化建设

当下国际化发展趋势越发显著，各种外来思想文化传入，并且社会经济发展进入转型阶段，影响着人们的思想观念，这些都冲击着人们的价值观念，社会价值取向越发多元、矛盾。基于此，我们必须坚持先进文化发展方向，以主旋律思想和价值观念熏陶人、感化人。高校是人类优秀文化成果传承、传播，先进文化创新、创造的重要基地，同时也是培养社会主义建设者和接班人的重要基地，必须坚持先进文化方向，坚定自身文化追求，积极承担自身的文化使命。

高校校园文化建设创新要始终坚持社会主义办学方向。社会的每一次重大发展往往都是从思想解放开始的，从文化领域逐步拓展到其他领域。我国高等教育是人民的教育，是社会主义的教育，我国高校是社会主义大学，必须在党的全面领导下进行文化建设，坚定正确的政治方向，坚持社会主义先进文化的发展方向。应当一以贯之地以马克思主义理论指导教学、科研、管理、服务等各方面的工作，围绕着大学生的全面发展，以培养社会主义接班人为中心，建设具有时代特色、国家特色、本校特色的校园文化。中国高校应当以社会主义办学方向为文化建设的根本，特别是新媒体时代下，社会思想文化环境复杂，高校需践行社会主义核心价值观，把握文化发展的正确方向和道路。所以，应当进一步推进马克思主义理论课和思想政治教育课的教育教学，夯实哲学基础；加大力度组织和举办主题教育活动，宣传和发扬社会主义核心价值观，坚定理想信念；加强科学教育，打击迷信活动和消除迷信思想，提升学生的思辨能力；将高校打造成社会主义文化建设主阵地，抵抗落后文化和资本主义文化的侵蚀。

既要弘扬主旋律，又要兼收并蓄，坚持“百花齐放，百家争鸣”方针，允许和鼓励不同的文化观念、学术思想相互交流、争锋，为大学生创造民主、平等、宽松的表达环境和平台，构建自由、开放的校园文化环境，丰富和发展大学精神，涵养本校的人文底蕴。既要使社会主义主导文化立足实际、回归生活，发挥其维系社会生活、维持社会稳定以及促进人类文明进步的原始作用；又要推动社会主义主导文化与多元文化共生共存、良性互动、互促互进，共同推动社会文化繁荣发展。

要在兼收并蓄的基础上追求融合创新。没有交流和创新的文化就像一潭死水，只有不断与其他文化交流，不断融合新的文化元素，才能永葆生机、不断发展，发挥其存在意义。高校校园文化要成为文化创新和发展的源泉，就应包容不同的思想文化，促进不同思想观点、文化理念的交流，使之在融合中创新，在创造中发展。高校应当坚持从国情和校情出发，坚定文化自觉、文化自信和文化自强，在对内外部形势的分析和对自身的反思中找准定位；应当不断推动中华优秀传统文化的现代化创新和传播，汲取传统文化精华的同时，博采外国优秀文化之长。

2．重塑大学理想，培育大学精神

大学精神是大学的内核，有精神，大学就有稳定的内核，从而不断发展，吸引和造就人才。大学不仅是一种物质性的存在，还是一种精神性的存在，大学在长期的办学历程中，在师生的实践中形成的大学精神，是其活的灵魂，是其文化精华，是其不断发展的精神之源，展现了大学的生命力、凝聚力和创造力。大学精神是大学所具有的相对稳定的共同价值追求和理想信念，反映了师生对于大学本质价值的追寻，也引导和规范着师生的行为。正是因为大学精神的存在，大学才能够持续存在和不断发展，才能够积极履行社会责任，才能够培育一代代杰出人才，创新和弘扬文化。大学精神是校园文化存在的前提，高校校园文化建设创新必须培育大学精神。

一方面，高校要培育优良校风。校风指的是高校在长期的办学实践中逐渐形成的有本校特色的行为风尚、道德风尚，引导和约束着全体师生的行为，凝聚着他们的精神理想。在新媒体环境下，高校校园文化受到各种落后思想和腐朽文化的冲击，必须积极构建“崇尚科学、追求进步、严谨求实、善于创造”的校风，一方面深入挖掘校园文化传统，一方面展望学校未来发展，逐渐形成本校特色，提炼大学精神。具体而言，高校应当借助多元化方式和路径展示和宣传大师风采，以此引领大学生思想精神和塑造校园文化；应当坚持开展校庆等仪式性纪念活动，建设校史馆，加强校史教育，通过学校训、唱校歌、戴校徽等，增强学生的归属感和集体荣誉感，鼓励他们传承本校优良传统；应当大力宣扬严谨求实的治学理念，使师生以旺盛的求知欲、脚踏实地的态度和谦逊的作风开展学术研究；应当营造鼓励创新创造的文化氛围，引导学生大胆创新、不断创造，培育其创新精神和创造能力。

另一方面，高校要重塑大学理想。如今，教育工具价值取向不断强化，很多人认为上大学只是为了找个好工作，或者认为大学的主要作用就是给社会输送各级各类劳动者，其人文价值取向被忽视，大学精神逐渐失落。因此，必须端正人们对于大学的认识，重塑大学理想。理想使人找到自己存在的意义，只有在确立、追求和实现理想的过程中，人们的生活才有了意义。大学理想是人们关于大学生活和毕业后生活的一种向往、追求和构想，是大学生前进的方向和道路。高校应当积极构建大学理想，同时引导全校师生将之内化为个人的理想。因此，高校应当在校园文化建设中关注学生的全面发展，将师生个体的未来与学校的未来相连，充分融合师生个体的发展需求和社会发展需求。

3. 设计文化情境，营造文化氛围

高校依托于一定的环境而存在，并因为环境的不断改善而发展；高校环境由高校师生共同创造，同时也是重要的育人资源，潜移默化地熏陶着生活于其中的每个人。建设好高校环境，除了能够为师生提供怡人的风光、良好的设施与适宜的学习活动空间，满足他们的学习和生活需求之外，还有助于激发他们对高校的热爱与自豪感，强化他们对高校的归属感和责任感，使他们以校为荣，同时努力奋斗成为学校的荣耀，有助于陶冶他们的情操，润物无声地培养他们健康的“三观”和积极的生活态度。高校校园文化建设创新不仅要着眼于外，更要着眼于内，要挖掘校园环境的文化内涵，使其充分体现高校的办学理念、大学精神、育人观念，形成健康积极的文化氛围。

新媒体环境下的高校校园文化建设要在健全物质设施和环境的基础上突显文化内涵。首先，主建筑应当以合理的方式布局，体现高雅的文化品位，学校大门、图书馆、办公楼、教学楼的设计除了要满足基本的功能之外，还要融入本校的校史和文化，如图书馆的建筑外形要美观，管理要规范高效，服务要贴心人性化，应富有人文性。其次，校园绿化设计应当美观且富有文化底蕴，其布局应当形式美与内涵美兼具，以白杨树等高大的树木体现厚重感和人文性，将长廊与绿化结合，为学生提供优雅而不失活泼的文化交流场所，同时，绿化应当与整体校园环境和谐统一，与校园建筑相得益彰。再次，应当增加反映校园或当地历史、富有文化内涵的景观，如著名学者的雕像、反映校史的碑文等，设计时需充分考虑学生的群体心理特征，突显艺术性，充满想象力，同时要与周边环境和谐统一。然后，应当强化校报、宣传栏、广播等宣传窗口的建设，以便创造积极向上的校园舆论环境。最后，应当保护校内的老建筑，丰富校园的历史文化底蕴。

4. 开展文化活动，塑造文化品性

高校校园文化最直接、最生动地体现在师生的一言一行和校园文化活动上。校园文化活动包含多种形式、多种主题，可以有效激发大学生参与的积极性，促进大学生涉猎更多的知识，提升综合素质，在展现自我和精神享受的同时，激发个人潜能和促进个性发展。同时，校园文化活动也是校园文化建设的重要载体和内容，有助于创建主题明确、氛围浓郁、富有特色的校园文化环境。

高校在开展校园文化活动时，应当注重弘扬主旋律，同时采取多样的活动形式，重视活动的趣味性。设计校园文化活动，应当把握时代主旋律，传播积极向上的思想与道德风尚，体现本校特色，从而有效地通过校园文化活动展现、培育和强化校园文化、本校精神。与此同时，应当坚持以人为本，尊重大学生的主体性，关注大学生的全面发展需求，采取符合大学生兴趣爱好的、新颖多变的形式，增强活动的趣味性，并且不能设置过高的门槛或者强制大学生参加，应在尊重、关怀大学生的基础上，引导他们积极自觉地参与其中。

树立校园文化活动品牌。高校应当积极打造精品活动和示范性活动，展现本校校园文化的风采和特色，树立自己的校园文化活动品牌。这能够促进校园文化事业不断发展和壮大，塑造和体现本校特色，增强高校的生命力、向心力。开展校园文化活动，应当有品牌意识，采取精品战略，积极打造能够契合师生需求和兴趣的、兼具趣味性和思想深度的、富有吸引力的、师生喜闻乐见积极参与的良好活动形式和内容。

组织多样化的社团活动。高校应当鼓励和引导各个社团举办形式与内容多样的活动，从而使各个社团长期积淀、社团学子代代相传的社团精神在无形之中影响每个社团成员，开阔其视野、发展其能力、提升其品德，尤其要大力支持和积极举办创新创业主题的科技活动，培育学生的创新精神、实践能力和创造能力。

举办校庆、开学和毕业典礼、元旦晚会等特色庆典。这些庆典不仅能够丰富学生的校园文化生活，成为大学生难忘的美好回忆，还能够净化大学生的内心世界，培育其对学校的情感，强化其作为学校成员的归属感和自豪感。首先，要重点举办和办好校庆，积极宣传本校发展的历史和杰出校友，鼓励校友为母校做贡献，开展文艺演出等活动，使大学生在浓厚的文化氛围中了解学校的历史和文化底蕴，强化使命感和责任感。其次，要办好开学典礼，将庄严的仪式和办校精神融合，加强学生的身份认同和归属感，激发其使命感。最后，要办好毕业典礼，以情为重，激发学生真情，进行家园式的互动，并激发毕业生参与毕业典礼的积极性，赋予毕业生积极面对未来社会生活、开创个人事业的勇气。

5. 规范文化行为，凸显人本理念

没有健全的校园规章制度，就没有高效、民主、科学的管理，没有和谐有序的校园秩序。有了健全的校园规章制度，师生行为才有了约束，校园文化建设才有章可循。所以，新媒体环境下高校校园文化建设创新要积极构建科学、合理、民主、健全的规章制度，并且加大对各类规章制度的执行力度，发挥制度的规范、约束、引导作用。这要求校园规章制度充分体现公平正义和以人为本的理念。

首先，校园规章制度要以公平正义为基础，这是使全体师生信服和自觉遵从的前提，是其得以落实和发挥作用的基础。第一，各类规章制度应当始终引人向善，引导大学生追求正义、和谐；第二，各类规章制度要坚持人人平等，以大学生需求和大学生意志为核心，尊重和保护大学生的人格和合法、合理的权利与诉求；第三，规章制度的制定不能搞一言堂，要按照相关程序，听取各方意见，少数服从多数；第四，其执行应当一视同仁。

其次，校园规章制度应当以人为本。在制定规章制度的过程中，应当以多种方式、多种渠道广泛听取师生意见，最大化地整合决策信息，尤其是对于关系到师生切身利益的制度，要给予各方充分发展的机会，兼顾各方利益诉求，尽可能地实现全员参与制度制定；内容上应当充分体现为大学生服务的理念，以大学生需求和利益为根本，不能过分突出规章制度的硬性束缚，而应突出人文关怀，发挥制度的引导作用，实现制度育人；文字表述上应当富于人本主义色彩，尽可能地少用或者不用命令性较强的词汇，如“严禁”，而多使用“提倡”“倡议”“建议”等词汇，语言应当简洁且精准；建立畅通的反馈修改渠道，根据师生反馈修改、更新规章制度，使之在实践中不断自我修正、自我发展，以免落后于时代发展。

最后，校园规章制度应当坚持刚柔并济。只注重规范性而不注重人性化，或者只注重人性化而不注重规范性的制度都是不合理的。校园规章制度就应当有严格的约束和惩罚，又应当尊重师生人格、保护师生权利、奖励优良行为，这样才能够有效推动大学生个性发展，激励大学生发挥主观能动性，从被动接受管理到主动进行自我管理。只有将严格的规范与人性化关怀结合，只有将惩罚与奖励结合，才能够有效发挥规章制度的管理、引导和育人作用。

（二）现代内容的创新

1．再造高校校园文化传播环境

最大程度地利用新媒体获取信息资源。新媒体中具有不断更新的海量信息，可以实现信息共享，能够满足人们的各种信息资源需求，当下，新媒体已经成为大学生获取信息和自我表达的重要渠道和平台。通过新媒体，信息可以超越时空束缚快速、大范围、多视角传播，时效性强，开放性强，大学生能够借助新媒体获取各种前沿的学术信息和社会最新动态。

最大程度地借助新媒体来传播信息，提升宣传效果，扩大校园文化的影响范围并提升其影响力。新媒体的信息传播速率高，一条信息可以在短短几分钟内获得上万甚至上百万的“转评赞”。高校可以借助新媒体发布公告、分享学习资源、宣传校园文化等，使更多的人了解本校形象。

最大程度地借助新媒体建设民主、平等、便捷、畅通的交流体系。新媒体环境下，每个人既可以是信息的接收者，也可以是信息的传播者，可以进行多样化的互动交流，打破了传统校园中教师发布信息、大学生被动接收信息的格局。师生利用QQ、微信等可以随时随地互动交流，大学生可以通过高校管理平台向管理人员提问、求助和提意见。这种互动交流一方面有助于增进师生联系和关系，另一方面可以使大学生参与学校管理，创建民主平等的校园文化氛围。

2.促进教学方式变革

新媒体丰富了大学生自我表达和展示的渠道和平台。大学生喜欢尝试新事物并且具有较强的自我表达和展示欲望，可以通过微信、微博、抖音等新媒体平台表达自己的各种想法，展示自己的各种才能，从而促进自身个性发展，同时这也有助于教师了解大学生的思想动态、学习状况，从而改进教学。因此，教师要在做好课堂教学的基础上，采取网络教学方式，借助新媒体进行个性化教育、思想引导和心理疏导。

高校应当充分借助新媒体引导大学生自主学习，提升其自主学习能力。教育工作者应当引导大学生基于新媒体进行自主学习，如使之借助百度、搜狗等搜索学习资源；借助校园论坛、学习通等平台，与网友交流学习方法、学习问题等；借助微博、抖音等了解社会动态，开阔视野，积极发表自己的看法，参与社会事务的解决；借助大学慕课等在校学习平台，根据个人爱好和需求学习各种网络课程。高校需利用新媒体变革教学方式，从传统的以知识灌输为主的教学转变为探究性、自主性学习，鼓励和引导教师革新教学理念，不断将新媒体与教学结合，创新教学手段和方法，激发学生学习的自主性和积极性。

3.促进载体整合，充分发挥校园文化建设的合力

高校应当借助新媒体丰富和整合文化建设的载体，形成建设合力。新媒体促进了传统教育教学和管理的全面变革，推动教学内容立体化、动态化，推动管理信息化、数字化，新媒体融合了多种媒介，具有极强的吸引力和感染力，可以提升校园文化建设的生动性。教师可以借助微信群、QQ群等面向群体发布公告，还可以借助微信和QQ一对一地与学生私聊，进行个性化教育，也可以借助微博、校园论坛等掌握学生思想动向，进行思想引导。新媒体丰富了校园文化建设的载体。

高校需充分地借助各种新媒体载体开展校园文化建设，并且要突出不同载体的特色，加强各个载体的联系。不同的新媒体平台具有不同的特色，如微信、QQ 等适合发送放假时间、考试时间等各种通知性信息，微信公众号、微博号等适合发布各类活动、举措的成果等，展现学子风采，进行思想熏陶。高校应当根据不同新媒体载体的特色开展宣传和文化建设工作，同时各个载体不能各自为政，应当共享信息资源、畅通互动渠道，相互配合达到最佳的宣传效果和取得更多的文化建设成果。

高校还需借助新媒体加强不同教育主体的联系，整合各方力量，形成育人合力。高校可以借助新媒体，加强与家庭、社会的联系，鼓励其共同参与高校校园文化建设工作，更全面地了解学生情况、校园情况，共同商讨解决大学生教育问题，共同建设校园文化。在校内，专业课教师、思想政治教师、辅导员、行政管理人员等可以随时借助新媒体针对各种情况进行交流，共同制定校园文化建设方案；大学生也可以借助新媒体参与校园文化建设，从而实现自我教育、自我管理和自我发展。新媒体环境下的高校校园文化建设应当加强整体整合，使家庭、学校、社会、学生共同参与校园文化建设，形成合力。

4. 积极采取措施消除新媒体可能带来的消极影响

新媒体的开放性、虚拟性、包容性等特性在促进校园文化建设的同时，也会带来消极影响。新媒体环境下，各种信息快速传播，其中混杂着一些虚假信息、腐朽文化、错误价值观，这些冲击着大学生的思想观念，不利于其正确“三观”的建立，不利于主流意识形态建设。高校必须采取积极措施消除新媒体可能带来的消极影响，加强社会主义核心价值观培育，塑造学生正确“三观”。

新媒体为大学生提供了丰富多样的信息获取渠道，促进多种学习方式的形成和发展，加快了知识的传播和更新，同时也冲击着教师传统的权威地位，推动了民主、自由、平等的校园文化环境的形成和发展。如今，高校已经认识和确立了学生作为教学主体的地位，师生关系逐渐变得平等。大学生自我意识强，更习惯于按照自己的喜好和理解来行动，而非被动地完全听从教师的指令，甚至在某些方面教师反要向学生学习。这种现象有助于促进大学生的自主学习和自我发展，但是，教师权威的旁落也在一定程度上给教育教学带来了负面影响。所以，教师应当在积极构建新时代师生关系的基础上，不断提升自身的专业水平、道德水平和个人魅力，以自身为范引导大学生自觉、主动学习，从而提升育人效果。

尽管，新媒体拓展了大学生的信息渠道，然而也导致校园内传播着一些真假难辨的信息和良莠不齐的思想观念，这些不良信息和观念挑战着学生的判断能力，消解着传统的校园文化。高校在建设校园文化过程中要提升学生的信息素养，使之正确判断各种信息和思想观念，自觉传播健康文化，抵制不良文化，正确地使用新媒体。大学生也应当积极锻炼自己对新媒体中信息资源的理解和共享能力，以及媒介批评能力，从而有效地发挥新媒体的作用。

大学生自我意识强，新媒体为其自主学习、自主生活提供了支撑，为其参与校园文化建设提供了渠道。传统的一言堂已经不再适合当下的高校教育，高校校园文化建设应当重视大学生的参与，积极构建互动渠道，发挥大学生的主动性。

三、新媒体环境下高校校园文化建设创新的路径

新媒体不仅仅作为一种技术手段和信息资源为高校校园文化建设提供支持，还作为一种思维方式，促进着高校校园文化建设的创新。新媒体环境下，高校校园文化建设创新要从以下几个路径进行：

（一）坚持观念创新，树立新理念

1. 树立整体观念，促进网上和网下文化建设的有机结合

新媒体不仅给高校校园文化建设带来了大量的信息资源、新的平台和渠道，还带来了一种全新的思维方式。高校校园文化建设应当坚持观念创新，树立整体理念，从网下拓展到网上，积极占领新媒体阵地。新媒体环境下的鱼龙混杂的思想和信息，冲击着传统价值观、主流价值观，不利于大学生正确“三观”的形成，高校校园文化建设必须积极争取和占领新媒体阵地，借助新媒体宣传社会主义核心价值观和中华传统美德，进行思想引导，加强师生互动。与此同时，做好网下的文化建设工作，网上和网下有机结合，构建积极向上的校园文化，充分发挥文化育人的作用。

首先，应当网上指导与网下教育内容相结合。既要网上配合网下，借助新媒体以多样化的方式在网络上宣传网下教育内容，吸引学生自觉学习，深化其理解，拓宽校园文化传播和影响范围；又要网下配合网上，基于新媒体信息资源，选取具有深挖价值的网络热点问题，在网下以讲座、辩论会等方式引导学生深入思考，指引正确思想方向。

其次，应当网上教育与网下解决现实问题相结合。大学生往往热衷于虚拟社交，倾向于在新媒体社交平台中表达各种想法。教育工作者应当重视大学生的网络言论，掌握大学生的思想动态和需求，及时发现其面临的难题，一方面在网上

疏导学生，另一方面在网下帮助其解决现实问题，同时也能够加深学生对教师的信任，有利于今后学生工作的顺利开展，形成和谐的师生关系，平等、民主、和谐的校园文化环境。

最后，应当网上教育与网下社会实践相结合。新媒体整合了图文影音等多种形式，具有极强的吸引力和感染力，促进大学生感性思维发展的同时，很容易弱化其理性思维，不利于其行动力的提升。所以，高校校园文化建设创新既要加强网上教育，又要重视和组织多种社会实践活动，推动大学生实践能力提升和全面发展。

2. 树立一元主导与包容多样的理念

新媒体的开放性和包容性，促进了多元文化和多元价值取向的传播，满足了大学生的个性需求，促进了其个人爱好和才能的发展，然而主流价值观是无论何时都要坚持的，所以高校校园文化建设应当树立一元主导与包容多样的理念。

（1）坚持社会主义核心价值体系主导下的多元文化发展

新媒体环境下，多元文化共同存在、相互促进，大学生可以很容易地获取各种文化资源，同时也面临着如何正确辨别思想观和选择文化资源的挑战。所以，高校校园文化建设应当一以贯之地坚持以社会主义先进文化为主导，坚持在社会主义核心价值体系下促进多元文化发展。应当矢志不移地以马克思主义理论为指导，坚定共产主义信念，以社会主义文化事业繁荣为理想，以社会主义道德为基础，在此前提下促进不同思想观点和文化理念的共存、相互交流和争锋，以丰富的、富有活力的教育内容促进大学生的全面发展，同时也能够为大学生的个性发展提供资源，促进高等教育的发展。

（2）坚持社会主义核心价值体系主导下的学生个性发展

新媒体环境下，大学生可以以多样化的方式向外界表达自己的想法、展现自己的个性和才能。新媒体一方面有效地拓展了学生的自主活动空间，为他们提供了更大的自由发展空间和选择权，有助于他们实现自我价值；另一方面不可避免地带来了盲目追求个性解放，为个人自由侵犯他人自由，忽视甚至鼓励破坏规则，缺乏责任意识等现象。所以，在大学生个性发展的过程中，要始终以社会主义核心价值体系为主导，引导其朝着正确的方向发展，引导其遵守基本的社会公共价值规范，实现个人发展与社会发展的和谐统一。

（3）坚持社会主义核心价值体系主导下的高校特色发展

新媒体不仅促进了大学生的个性化发展，同时也促进了高校的特色发展。高校是培养社会主义合格人才的摇篮，是中国特色社会主义建设不可或缺的重要主体，应突出自身的社会主义属性，始终坚持社会主义核心价值体系的主导地位。如今的新媒体环境下，各个高校的校园文化在大范围内快速传播，各种校园文化创新不断涌现，高校都在逐渐形成和巩固自身的特色。高校校园文化建设应当遵循世界一流大学的创建和发展规律，同时立足于国情、地方发展情况和校情，积极创建本校特色文化、品牌文化。

3. 树立与新媒体传播特点相符合的教育理念

（1）树立平等互助、疏导结合的教育理念

新媒体消解了传统媒体的权威，消解了专家权威，使大学生可以从多种渠道获取知识，形成和表达自己的看法，主体意识增强。高校教育工作者应当变革传统教育理念，树立平等互助、疏导结合的教育理念，转变自身角色定位，从知识的占有者和灌输者变为大学生学习的引导者，转变师生关系，从传统的师道尊严变为师生平等，尊重大学生主体性，促进大学生的自主学习。

教师应当认识到大学生是学习的主体，尊重他们的主体地位、个体差异和个性价值，满足其发展需要；相信大学生是具有无限发展潜能的个体，相信其在合适的教育下能够开创个人事业，成为社会有用之才；挖掘大学生的潜能和才能，引导和鼓励其展现个人才能；了解其发展的阶段性特征，理解其需要和诉求，设身处地地为大学生思考，多与其进行情感交流，提供情感支持；了解和关怀大学生发展情况，帮助其应对现实难题；以宽容之心对待每个学生，认识其差异，谅解其一时的错误，帮助其不断自我改进，形成健全人格。

（2）注重教育的针对性与时效性的教育理念

借助新媒体，高校可以超越时空限制地及时了解学生的思想动态，根据每个大学生个体的情况采取合适的方式进行针对性的教育，将群体统一教育和个性化教育结合，充分促进大学生发展。教师可以借助新媒体以匿名的方式与大学生交流，进行个性化疏导，引导其思想和价值观，避免大学生的胆怯和抗拒心理。此外，校园文化建设必须注重时效性，在突发事件发生后，如果未在 24 小时内回复或者引导舆论，就很容易出现舆论裹挟、舆论绑架现象，负面声音甚嚣尘上，而正面声音被压制。所以，面对突发事件，高校要借助新媒体第一时间说明真实客观的情况，占据主导权。

（3）注意教育的吸引性和生动性的教育理念

人的多数信息是通过视觉器官获取的，新媒体整合了文字、图片、音频、视频等媒介，高校借助新媒体进行校园文化建设可以有效提升校园文化的吸引力和感染力，提升校园文化活动的生动性和趣味性，从而更加充分地发挥文化育人的功能。高校可以借助新媒体技术，多维度地展现校园文化，丰富校园文化活动的形式，选择符合大学生兴趣的形式和内容进行校园文化建设，引导大学生健康发展。

（二）加强形式创新，开辟高校校园文化建设的新阵地

1. 创建具有特色的主题教育网站

创建具有特色的主题教育网站。主题教育网站既要具有思想深度和教育意义，又要具有艺术性和服务性。应当以先进文化方向为主导，加强典型宣传，解析社会热点问题，正确引导舆论，同时注重网站的吸引力。

建设主题教育网站，需一方面保证内容的思想性和严肃性，另一方面满足学生对多样性和趣味性的要求。呆板乏味的形式和内容不利于教育思想传播，只有增强内容的趣味性、形式的生动性，教育思想才更易于传播和入脑入心。应当增强网站的生动性，每天更新，需设置新闻版块，发布社会热点事件和校园最新动态；应当增强网站的互动性和趣味性，设置搜索版块，增加大学生感兴趣的链接，多发布有奖参与活动，设置匿名聊天版块等；增强网站的务实性，保证信息内容的实用性，同时网站内容与线下校园文化建设相结合，同步开展。

网站要突出服务性。应当在网站中设置服务性版块，帮助学生解决生活中的实际问题，从而引导学生关注与认同网站的教育内容。网站中可以设置在线心理咨询版块，便于学生以匿名的方式接受心理疏导；可以构建毕业生就业服务版块或者系统发布招聘信息和求职技巧等；可以设置在线校长信箱，畅通学生反馈校园问题的渠道，提升网站的服务性。还可以建设与学生需求有关的勤工俭学网站、志愿服务网站等，有效服务学生。

2. 打造高速的互动交流和传播渠道

高校教育工作者应当最大程度地借助微信、QQ 等与大学生互动和交流，了解和解答大学生的疑问，帮助大学生更好地学习和生活，还可以利用朋友圈、微信公众号、微博号等发布正能量内容，感染和引导大学生。高校不仅要开设自己的微博账号，还要引导和鼓励学院、班级、社团等开设微博账号以及微信群等，构建图书馆管理系统、党团网站、学生会网站等，引导学生自我管理、自我服务。高校要与通信公司、网络科技公司合作，开发与本校学习、校园生活相关的手机应用软件，促进师生交流。借助新媒体打造、宣传精品文化活动、打造示范课程等，打造本校的特色文化。

高校不仅要打造互动交流和传播渠道等多样化的校园新媒体平台，还要重视

建设效果，调查和了解大学生对校园新媒体平台的接受、使用情况与满意度，收集大学生反馈。大学生乐于尝试新鲜事物，喜欢追逐潮流。高校要注意评估校园新媒体平台的吸引力，了解大学生的兴趣点，及时更新校园新媒体平台的内容和形式，打造新的校园新媒体平台，从而不断使大学生借助校园新媒体平台参与校园文化建设，不断吸引和凝聚大学生，潜移默化地进行教育。

3. 开发教学软件和数据库

高校应当结合时代发展需求与大学生发展的阶段性特点开发教学软件和数据库。高校应当积极利用新媒体技术和新媒体信息资源，整合与开发网络教学资源，与时俱进地打造数据库，从而推动校园文化建设。应当积极构建本校的网络教学平台，利用网络收集学习资源，自主或者与其他高校联合开发学习资源，如网课、电子书等，便于大学生进行自主在线学习，将教学从课上延伸到课下，从教室延伸到网络，提升教学效果；应当积极打造包含大师公开课、纪录片、名人演讲、学者讲座以及热门影视剧的校园视频平台；应当积极开发数字图书馆，便于学生随时随地利用图书馆资源；引入或者自主设计具有思想深度和教育意义的情景化、游戏化文化活动，让大学生在积极探索和解决问题的游戏性过程中，增长知识，增强素质，提升道德品质。

4. 开设媒介素养的选修课

高校在思想政治教育教学中，要融入媒介素养教育，使思想政治教育的课堂成为大学生接收媒介素养教育的主要渠道，媒介素养教育的课程不仅仅体现在新闻类专业的课程中，还应该体现在思想政治理论课、哲学或者人文社会科学类的课程中，要在不改变原有的课程设置的基础上增加媒介素养的内容。高校还可以通过开办讲座传播各种媒体知识，引导大学生正确认识新媒体的优势与劣势，还可以通过开办班级媒介平台，分享身边的正能量，增强大学生的思想政治意识。高校在思想政治教育教学中，可以通过三方面加强大学生的媒介素养教育：

第一，要提高思想政治教育工作者的媒介素养意识，要通过开展多种活动普及新媒体知识，使思想政治教育工作者从观念上意识到媒介素养的重要性，为大学生提供良好的教育环境。还可以通过与校内外其他教师讨论并分享意见，了解媒体所传播信息不同层面的不同观点。

第二，扩宽思想政治教育工作者的媒介素养教育工作阵地，教师可以将传统的课堂教学模式向新媒体转变，在新媒体平台上分析社会舆情事件或者社会新闻，通过规划讨论的时间段、主题、具体事项、思考方式，来组织和设计网上讨论，扩大和巩固课堂讨论的空间和成果。一方面，加强了对大学生的思想政治教育，另一方面，有利于提高大学生对新媒体平台上所传播信息的理性认知。

第三，在思想政治教育过程中，教师在每个阶段、每一课题中，都要帮助大学生合理使用媒介、利用媒介资源，使大学生掌握媒介使用技巧，了解媒介背后的意义。教师可以鼓励大学生自主探索实践，让大学生利用新媒体平台，将自己所学的知识及时进行思考，对自己的所闻所感进行记录，如让学生搜集并分析当前的热点问题，最后将自己的观点呈现在媒介平台上，教师可以与大学生进行互动和交流，及时了解大学生媒介信息的认知情况以及大学生的思想观念，并对于一些消极的、腐朽的观念进行及时引导和更正。

5．转变教育教学与管理方式，加强主流文化引导

（1）教学方式上的转变

传统的教学方式利用板书、幻灯片、口述，以课堂为主要空间，向大学生传播教学案例，但是新媒体的出现在一定程度上颠覆了传统的教学方式，教师利用慕课、微信、电子邮件、博客、讨论组等形式为教学提供更新颖、更及时的方式。可以开发本校的慕课平台，自主或者与兄弟学校联合开发精品课，上传国内外名师公开课，共享教师讲义等学习资源。

此外，可以利用微信提前分享学习资料、分析案例；通过电子邮件与大学生实现在线的答疑解惑；与大学生共同建立博客，以课堂形式呈现，通过微话题加强大学生对社会问题的广泛关注与讨论；通过校园网络论坛，大学生不仅能针对性地学习相关学科知识，还可以讨论对社会热点现象的看法，从而提高大学生的思考能力。通过在线交流，教师可以积极引导学生偏颇的、消极的思想，还可以学习其他优秀教师的教学方法，提升自身的教学水平；讨论组的交流，打破了传统的教师进修的模式，能够实现教师与专家、名师的互动，不断提高自身的专业素质。新媒体弥补了传统课堂教学的不足，打破了师生互动的时空限制，满足了大学生的个性需求。此外，利用新媒体时，教师要起到示范、表率的作用，带头践行社会主义核心价值观，在传播知识文化的同时也要传播社会主流意识形态，不断提高大学生的文化素质和思想境界。

（2）教育管理方式的转变

高校从单一的管理途径向多元的管理途径转变，传统的校园管理具有局限性，通过传统的规章制度、教学办法的实施来进行校园管理，但是利用新媒体，高校管理者在管理学生时更趋向多元化。一方面，利用新媒体平台，能够及时获知学生的诉求，并给予反馈，使学校和学生的关系日益紧密；另一方面，可以实现与国内其他高校的即时的互动与交流，实现与国外高校的联系与合作，借鉴他校或

者他国的优秀的校园管理模式，通过网络会议、网络直播的方式，让学生了解更多的国内外高校的文化，从而完善高校现代化建设。

（三）推进管理创新，促进新媒体与高校管理融合

1．利用新媒体技术，把控好校园信息传播

建立高校校园网防火墙，一方面避免不法分子利用黑客技术获取校园网中的隐私信息，保障大学生隐私安全，另一方面检查和过滤有害信息，净化校园网络信息空间，避免有害信息肆意传播。校园网采取实名制，并且对互联网协议地址进行追踪和验证，确保在有害信息出现后及时确定信息的发布者，从而遏制有害信息传播和处罚有害信息发布者，警示此类行为。

2．加强对网络舆情的管理与引导

新媒体使每个人都能够成为信息的发布者和传播者，增强了网络舆情的影响力，大学生思想和价值观尚未成熟，判断力不足，很容易受到舆论裹挟。通过监测校园网络舆情可以及时掌握大学生的思想动态，尤其是负面思想，可以有效引导突发事件后的舆论，创造健康积极的校园舆论环境，所以高校校园文化建设必须加强对网络舆情的管理和引导。第一，应当构建一体化信息防控体系，过滤有害信息，遏制有害信息的传播，需组建专门的网络信息防控队伍，借助网络技术、调查问卷等方式实时了解和跟踪大学生的思想动态；第二，应当加强网络管理中心的管理和监督作用，明确不良信息和非法网络行为的互联网协议地址和个体，及时教育、处罚甚至报警，第一时间发现和删除校园网络空间中的虚假信息，并通报批评；第三，利用网络了解和跟踪大学生的思想变化情况以及关注的热点问题，整合网络敏感信息，并合理地预测问题，从而提前澄清虚假信息，消除负面观点，疏导不良情绪，及时遏制大学生的不良思想，提升舆论管理的时效性；第四，选择思想境界高、理论水平高、表达能力强、网络技术优的人作为“意见领袖”，针对社会问题，表达精辟的观点，引导大学生产生共鸣，形成集群效应。组建网评引导员队伍，以大学生的视角发出评价，引导积极的网络评价和舆论。

3．加强校园新媒体管理制度和队伍建设

（1）建立校园新媒体管理制度

只有加强校园新媒体队伍的建设，才能促进高校校园文化建设的顺利进行，确保新媒体的健康发展。规范、合理的校园新媒体管理制度是校园新媒体健康发展的基础，要制定一系列可行的校园新媒体管理制度，尤其是对于校园网、移

动应用软件、校园社交软件、校园论坛等新媒体的管理机制，更好地发挥新媒体的舆论导向、传播信息的功能。校园新媒体管理制度既包括管理细则，落实到从领导层、管理层到学生层的使用准则，又包括内容发布和信息安全的制度，必须遵守国家《互联网信息服务管理办法》的要求，不得转发虚假、低俗的信息，倡导发布文明、健康、积极的信息，高校新媒体平台的主办单位必须加强账号管理和内容监管，确保信息安全，对于出现违规且情节严重的校园媒体平台，要追究其主管领导的责任。校园新媒体管理制度具有规范、制约、导向的功能，是高校校园网络舆论正常发展的重要保障，是推进校园制度文化发展的重要任务。

（2）建立一支专业的新媒体管理团队

从人员构成上，高校组建一支专业的、高素质新媒体管理团队是非常必要的，该团队工作人员应坚持正确的校园思想文化舆论的引导，要具备较高的思想政治素质，还要具有社会责任感。另外，还要具备一定的计算机应用和使用新媒体的能力。教师或传统媒体管理者也应主动加入这个新队伍，他们有着丰富的媒体管理经验，能为新媒体队伍建设提供支持。公开招募、选拔优秀的学生干部兼职担任新媒体管理员，另外对于在各类新媒体平台敢于公开发表主流意见，积极引导学生正确价值取向的大学生，要重点培养，使其成为“意见领袖”，引导主流思想，为校园文化的传播提供强有力的支持。

从校园新媒体采编队伍上看，高校要组织一批专业的新闻采集、编辑人员。他们通常要有较强的文字编辑能力，了解并且能够熟练使用各种新媒体；他们能够深入了解大学生的学习、生活以及校园内外的新闻，并能够对所获得信息进行筛选、编辑，编写出符合大学生思想文化的新媒体内容；他们能够把握社会热点新闻，一定程度上可以引导舆论朝正确的方向发展。校园媒体人要有专业的媒介素养，能够用客观、公正的态度传播信息，使校园新媒体在高校校园获得影响力，影响广大师生的思想、行为，从而促进校园文化的建设。

从校园新媒体监管队伍来看，要配备专职人员，成立专门的“校园新媒体监管小组”，该小组设立主要领导人一名，可以由普通教师或者干部担任，并设立辅助管理工作人员、由学生担任的监管成员。高校应当充分重视和支持校园新媒体监管队伍建设，鼓励、引导和协调校园报、校园广播等传统媒体工作者及其他教师、学生参与其中，鼓励和引导学生社团等开设新媒体平台账号并配合工作，全校共同构建积极健康的校园舆论环境，共同推动校园文化建设。

（3）从技术上做好校园传播信息的管理

高校应当建设网络信息监测中心，以技术的手段加强信息监测过滤，遏制有害信息传播。网络具有开放性、虚拟性的特点，一些不法分子会利用技术手段攻击校园网，恶意窃取学生隐私信息和高校机密，尤其是技术机密。因此，高校必须提起重视，定期检测校园网络安全，及时更新和升级网络安全系统。高校必须使用安全技术软件，尤其是军工院校，要使用“防火墙”防止黑客的入侵，防止信息的泄露，通过技术软件筛选、过滤信息，对于制造谣言、含虚假信息的言论通过计算机设定限制，使其无法进行传播。合理利用技术手段，确保新媒体所传播内容的健康与文明，使校园文化建设有一个良好的网络环境。高科技管理技术打破传统文字形式的管理模式，从设备技术上支持新媒体的监管，营造文明的新媒体舆论环境。

第三节　微信公众平台在高校校园文化建设中的应用

一、微信公众平台概述

微信公众平台为微信延伸的自媒体网络平台，于 2012 年 8 月 23 日正式上线，是一项微信用户订阅服务。所有的个人或者组织都能按照流程申请微信公众号，并公开发布信息，和订阅用户以图文影音的方式进行互动，订阅用户也可以将公众号文章转发给微信好友或转发朋友圈。微信公众号会面向订阅用户推送信息和文章，提供定制服务。

经过不断的升级和更新，微信公众平台为用户创造了一个更人性化的体验。微信公众号分为订阅号和服务号两种。服务号的申请限制了运营主体必须是具有组织性质的，如企业、学校、媒体、公益组织等。服务号是具有商业营销性质的商家在微信这个大社交平台上的站点，像手掌上的微型官方网站一样。以前的官方网站存在不能时刻保证用户的主动关注的问题，而目前利用微信这个具有庞大的用户群的社交平台，公众服务号的传播影响力将得到提升。订阅号是组织和个人都可以申请的账号类型，可以为订阅用户推送消息，然而订阅信息和文章并不是新鲜的应用，十多年以前就已经开始流行邮件的订阅，但是邮件的订阅只是个人电脑终端时代的手段，在网络技术兴盛的时代，人们更加青睐于可以在任何时间任何地点方便快捷地阅读自己感兴趣的文章和资讯的工具。

二、微信公众平台在高校校园文化建设中的优势

（一）以多媒体学习理论和认知负荷理论为指导

理查德·梅耶的多媒体学习理论是经过坚实的理论基础和严谨的实验证明的科学体系，多媒体学习认知理论中的三个基石是双重通道假设、容量有限假设和主动加工假设，也是多媒体学习理论的逻辑起点。实验证明，图片和文字相结合的信息比单一的文字能更大程度地刺激人的信息加工系统。容量有限假设是认知负荷理论前期假设，实验证明，人的瞬时记忆容量是有限的，人的认知负荷也是有限的。在信息爆炸的时代，信息量空前巨大，人们接收信息的容量和处理信息的能力有限，微信正是以多媒体学习理论和认知负荷理论为指导的新兴媒体。大学生通过微信在朋友圈随时随地与好友互动，不仅可以随时刷屏更新动态信息，还可以体验微信公众平台极强的自媒体性质。伴随着微信超强的发展趋势，微信公众平台必然会成为高校校园文化建设的网络阵地。

（二）以微信公众平台为新载体丰富校园文化内容

微信公众号的订阅服务功能是深受广大学生青睐的重要因素。高校里以微信公众平台为载体，面向的是广大充满活力、思想活跃、大胆创新的大学生群体，因此微信公众平台应该推送大学生都关心的有价值的信息，为大学生的生活、工作、学习等提供便利。

高校开设微信公众号后能够以图文影音等形式发布文章，丰富校园文化形式和内容。如今，微信公众平台日益发展壮大，使用者不断增加，越来越多的高校借助其开展校园文化建设。高校不仅可以在微信公众号上发布重要公告、校史故事、心理健康知识、传统文化知识、校内活动情报、典型人物事迹等，还有能够作为师生、生生互动的平台，促进师生、生生交流，帮助大学生更好地学习和生活。

所以，高校可以借助微信公众平台作为校园文化建设载体，发挥其信息传播快、形式多样、互动性强的优势，使校园文化与学生生活实际紧密联系，丰富校园文化内容。

（三）扩大高校校园文化的宣传覆盖面

从古至今，大众传媒都深刻而长远地影响着人们的思想。高校校园文化建设就是借助报纸、广播、网络等传播媒介发布、传播思想观念、文化理论等信息的过程，只有扩大文化传播面，吸引更多大学生的关注，校园文化建设才有意义，才能够以校园文化感染和教育人，促进大学生的全面发展。

在信息时代，各种新媒体的出现和发展颠覆了传统媒体的统治格局，颠覆了大学生获取信息的渠道、学习方式和生活方式。基于新媒体的虚拟社交、在线学习等已经融入大学生日常生活。同时，智能手机不断普及，现在的大学生人手一部智能手机，几乎都利用微信来社交、接收来自同学和教师的各种信息，基于微信公众平台进行校园网络建设具有牢固的现实基础。并且相比报纸等传统媒体，大学生更加倾向于通过微信公众号获取和分享信息。如今微信用户数量已经超过了 13 亿，以微信公众平台为载体开展高校校园文化建设，必然可以扩大高校校园文化的宣传覆盖面，提升其吸引力和影响力。

如今，微信公众号已经成为高校展示本校办学理念、教育成果、校园文化的重要窗口，成为大学生、家长、社会与高校联系的重要渠道。高校在建设校园文化过程中必须重视微信公众平台，充分利用其信息传播方面的优势，丰富校园文化建设的形式和内容，提升校园文化育人的效果。

三、微信公众平台在塑造高校校园文化中的应用

（一）高校官方微信公众平台与校园文化相融合

新媒体的出现颠覆了信息传播的格局，改变了信息传播的模式和人们的思维方式，也对高校校园文化建设产生重要影响。新的信息传播方式会带来新的文化。如今高校已经形成了以新媒体为载体的校园网络文化，其融入了大学生生活的各个方面，影响着大学生的精神世界。而校园文化就是通过影响大学生的精神世界发挥育人作用的。如今，网络已经成为校园文化传播的主要渠道，微信公众平台是主要的网络传播方式之一。其具有极强的途径转化能力、信息传播能力和交互能力，因此成为高校校园文化建设的重要载体。高校应当在微信公众平台上申请和创办账号，将官方微信公众平台与校园文化相融合，超越时空条件的束缚，将信息实时推送给每个订阅者，从而扩大校园文化的覆盖面；与大学生进行多种互动和交流，激发他们参与校园文化建设的积极性，提升其参与度，从而提升校园文化建设效果。

（二）发挥新媒体优势，展现丰富多彩的信息内容

以往的校园文化传播和分享方式，如报纸、广播，或是以图文为主，或是以音频为主，媒介单一，而微信公众平台集文字、图片、音频、视频于一体，丰富了高校校园文化的信息形式和内容。高校借助微信公众平台发布文章，应当在生动活泼的图文编排的基础上，搭配音频、动图、视频等，以创意方式编排信息。这样一方面可以提升吸引力，获得良好的文化传播和宣传效果；另一方面可以激发师生互动的积极性，使大学生积极参与校园文化活动，形成活跃、轻松、和谐的校园文化氛围，从而形成具有本校特色的校园文化。在高校校园文化建设中应用微信公众平台，更新了文化宣传方式，符合新媒体时代发展趋势，有助于提升校园文化建设的效果，更好地借助校园文化促进大学生的全面发展和个性发展。

（三）利用人际关系，把握校园舆论主导权

微信公众平台具有极强的互动性，其中的信息除了从微信公众号直接向订阅用户传播之外，还通过微信用户的转发在用户与用户之间传播，是一种基于人际关系的传播。大学生喜欢尝试新鲜事物，接受新事物的能力强，同时自身价值观和判断能力尚未成熟，群体内部“三观”相似，不仅乐于获取和接收信息，还乐于传播信息，所以在大学生群体内，微信公众平台的信息会随大学生的人际关系网快速地大范围传播。此外，大学生在转发微信公众平台信息的过程中还会加上自己对信息的评价等。这会提升信息的可读性，引发更多大学生的关注、评价和交流，提升信息的思考性。高校应当充分利用微信公众平台，利用其信息有人际关系传播的特点，宣传主旋律；根据大学生的评论掌握学生思想动态，主导校园舆论，引导大学生思想向积极健康方向发展，创造积极向上的文化环境。

（四）提升所在高校的校园文化的凝聚程度

微信公众平台作为新媒体平台，具有强大的信息传播能力，并且由于微信用户数量庞大，其信息覆盖面远超一般的新媒体平台。高校应当充分利用微信公众平台，将之作为与师生、校友、家长、社会联系的重要渠道，展示本校校园文化的重要窗口，欢迎和鼓励各界人士参与校园文化建设，提升校园文化影响力，同时增强师生与校友对学校的归属感、自豪感，提升校园文化的凝聚力，从而促进校园文化建设，推动高校发展。

四、微信公众平台应用注意事项

（一）保持持续稳定的信息更新

信息都具有一定的时效性，高校应用微信公众平台进行宣传，必须在合适的时间宣传合适的内容，及时推送大学生关注的、感兴趣的信息，并且要持续稳定更新，不可断更或迟更，这样信息才能够快速传播开来，大学生才会持续关注本校公众号。过时的信息无法引发学生的关注。如每年九月为新生入学期，高校微信公众平台应当发布关于新生入学需要准备哪些东西、新生如何快速适应大学生活等信息；每年六月为毕业季，高校微信公众平台应当发布校招活动信息、求职技巧、毕业寄语等。适当的时间发布适当的内容，可以提升宣传效果和大学生的参与度，增强大学生对校园文化的认同感，提升校园文化的凝聚力和向心力。高校领导应当重视微信公众平台的宣传作用，不仅要安排教学管理人员负责此事，还要定期考核和评价微信公众平台的订阅数量、观看数量等，及时招新，优化微信公众平台的运营。

（二）注重新闻模式排版的多样性与趣味性

相比旧事物、常见事物，人们往往倾向于关注新鲜奇异的事物。所以，高校微信公众号应当以创新性的排版来吸引大学生的关注和阅读。微信公众号文章要吸引大学生阅读，除了要在内容上下功夫之外，还要在排版上下功夫，避免使用纯文字，应当图文并茂，合理设计文字的大小、位置、色彩，合理选择图片等，还可以增加音频和视频，设置选择题等，以多样化和趣味性的排版吸引读者，提升读者的阅读体验，从而提升信息传播效果。除此之外，应当以坚持先进文化方向为前提，不可满足追求娱乐性，尤其要避免庸俗文化和快餐文化，要以促进大学生健康成长、全面发展为出发点。既要合理编排文章内容，又要坚持主流意识形态，提升校园文化建设成效，创造积极向上、健康阳光的微信公众平台信息环境。

（三）利用高校内资源进行推广

本校教师、学生和家长是高校微信公众平台的主要受众。应当针对他们的信息需求确定文章内容和设计推广活动。如新生入学时，新生和家长希望尽快了解学校的各个方面，如宿舍、食堂、教学楼、图书馆的位置、课程表等，高校微信公众平台可以发送新生入学注意事项、校园介绍等文章，并在新生手册或者校园地图上印上本公众号的二维码来推广。还可以借助校园广播、班级辅导员、学生会等宣传本校微信公众平台。可以在学校的勤工俭学组织处发布招聘高校微信公众平台运营人员的信息，在招聘的同时也能起到推广效果。此外，还可以在高校微信公众平台中举办有奖问答活动、设置成绩查询功能等，不仅可以丰富和方便学生生活，也能推广高校微信公众平台。总而言之，在高校校园文化建设中应用微信公众平台应当充分利用学校内的资源，契合受众信息需求，只有这样，才能获得更好的建设效果，更好地服务于师生。

第五章　新媒体视域下高校道德教育环境构建

高校道德教育环境的构建，对高校育人有着重要的影响。高校道德教育工作只有随着时代、实践和科学的发展而不断创新，才能充满活力和富有成效。当前，新媒体的发展为高校道德教育创新提出了新的要求。如何适应这种新要求，切实推进高校道德教育创新，是摆在人们面前的一个重要课题。

第一节　新媒体环境下高校道德教育存在的问题及其成因

当前社会，随着新媒体技术的不断发展和普及，新媒体在教育领域的应用日益广泛，为高校道德教育提供了新的机遇和挑战。然而，尽管高校在利用新媒体进行德育方面进行了一些探索和尝试，但仍然存在一些问题，需要引起高度重视和深入思考。认真分析新媒体环境下高校道德教育面临的问题，不仅有助于我们更好地把握当前的道德教育形势，还能够为我们创新新媒体环境下的道德教育提供重要的参考和指导。通过不断的探索和实践，我们可以逐步完善现有的道德教育模式，促进大学生的全面发展和健康成长，为构建和谐社会做出积极的贡献。

一、新媒体环境下大学生道德教育存在的问题

（一）虚拟空间道德教育与现实道德教育脱离

随着新媒体技术的发展和普及，虚拟空间已成为大学生日常生活和学习的重要平台，在这个平台中，大学生接触了大量的信息和知识，其中也包括道德教育的内容。然而，虚拟空间中的道德教育往往与现实生活脱节，只是简单地将道德

理论知识和道德规范搬到网络空间中，忽略了与现实生活的联系，忽视了与现实道德教育的融合，这使得大学生难以将道德教育的理论知识转化为实际行动，并在现实中应用。

（二）虚拟空间道德教育的内容与形式单一

传统道德教育与虚拟空间道德教育在内容选择和形式创新上存在差异，传统道德教育注重的是道德规范和道德伦理的传授，强调道德行为的规范性和标准化；而虚拟空间道德教育则更加注重道德情感的培养和道德行为的实践，强调道德教育的体验性和互动性。这种差异使得虚拟空间道德教育需要在保持主导性教育内容的同时，创新教育形式以吸引大学生参与。然而，就现状来看，虚拟空间道德教育的内容和形式还存在着一些不足之处，需要进一步完善和提升。首先，在互联网上，大部分道德教育内容往往都是一些简单的道德准则和规范，缺乏对道德背后原理的深入探讨和思考，这种内容的单一性容易造成大学生对道德教育的理解和接受程度不高，无法真正引导他们形成正确的道德观念和行为准则。其次，在互联网上，大部分道德教育形式单一，缺乏足够的吸引力和互动性，难以引起大学生的兴趣和关注，从而使得道德教育难以深入人心，无法真正达到教育的效果。而如果能够将道德教育与娱乐元素相结合，设计一些寓教于乐的内容和活动，就能更好地引导大学生形成正确的道德观念和行为准则。

（三）运用新媒体进行道德教育的自觉性不强

随着互联网和移动设备的普及，大学生已经离不开新媒体，而新媒体也成了他们获取信息和进行社交的主要途径。这意味着，如果我们忽视了新媒体在道德教育中的作用，我们就无法真正地满足大学生的需求，也无法有效地引导他们形成正确的价值观和行为准则。然而，很多道德教育工作者缺乏对新媒体的深入了解和认知，他们依旧侧重于传统的课堂教学和教科书的使用，对于新媒体的应用和潜力了解不足。这种认知上的短板可能导致教师在道德教育中忽视了新媒体所能提供的便捷，从而导致他们对新媒体的运用缺乏自觉性。

（四）运用新媒体进行道德教育的效果不理想

目前，大多数高校都建立了道德教育网站或博客，但这些网站或博客的内容往往枯燥无味、缺乏吸引力，难以引起大学生的兴趣和关注。此外，这些网站或博客的更新速度也比较慢，无法及时反映大学生关心的问题，这更加削弱了大学生的参与度和认可度，进而使得当前运用新媒体进行道德教育的效果不理想。同时，社会机构和企业往往更加注重盈利，这导致了大学生在新媒体虚拟空间中接触到的道德教育类内容相对较少，这无疑会影响到大学生的道德教育。

（五）新媒体环境下道德教育的合力作用发挥不够

众所周知，教育是需要教育合力的，教育合力是学校、家庭和社会三者共同努力、相互配合的结果，是推动教育事业发展的重要保障。有专家指出："所谓教育合力，就是在一定的时间内和一定的条件下，实施综合教育所产生的综合作用。这种综合作用，并不是综合教育中各个单项教育作用的加和，而是比单项教育作用大得多的新的教育力量。"① 因此，只有高校、家庭和社会三方通力合作产生教育合力，才能够实现共同育人、提高教育效果的目标，为大学生的全面发展和社会的进步做出积极贡献。

在传统道德教育过程中，高校、家庭和社会的合力是其有效开展的重要保障之一。高校是教育的主要场所，承担着传授知识、培养人才的使命；家庭是孩子成长的第一课堂，家长的言传身教对大学生的道德教育影响深远；社会则提供了丰富多彩的教育资源和机会，通过社会实践等方式开阔了大学生的视野、丰富了他们的经验。然而，在新媒体环境下，高校、家庭和社会在德育中的合力尚未形成，社会和家庭在新媒体道德教育中起到的作用相对不足。首先，社会本应为大学生提供更广泛、更多样的教育资源，但是在新媒体环境下，社会上弥漫着功利主义的气息，极大地影响到了大学生道德教育工作的开展。其次，家庭在新媒体道德教育中也存在缺失的现象，家长往往缺乏对新媒体的了解和掌握，无法对大学生的网络行为进行有效的引导和监管，此外，一些家长过于忙碌，无法为大学生提供足够的陪伴和指导，这些问题都会影响到大学生的道德教育和成长。最后，高校在新媒体道德教育中缺乏与家庭和社会的紧密合作。高校虽然意识到了新媒体道德教育的重要性，但在实践中尚未能够有效地搭建平台将社会和家长引入新媒体道德教育，缺乏与家庭和社会的紧密合作，因而无法为大学生的道德教育和成长提供更好的保障。

二、新媒体环境下高校道德教育存在问题的成因

（一）指导理念与新媒体的发展不相适应

在传统的高校道德教育过程中，教师通常扮演着最为关键的角色，他们通过

① 郑永廷．思想政治教育方法论[M]．北京：高等教育出版社，1999．

传授知识、灌输价值观念等方式来引导大学生成长。这种以教师为主体的理念在传统的教育实践是中比较容易实现的，并且取得了一定的教育效果。然而，随着新媒体的兴起和发展，大学生的信息获取途径变得更加多样化和自由化，他们在虚拟空间中所接触到的信息也更加丰富和多样。在这样的背景下，传统的以教师为主体的理念受到了挑战，难以更好地适应新媒体环境下的道德教育需求。这种不适应主要表现在以下几方面：

其一，传统道德教育模式的指导理念与新媒体环境下大学生对多元价值观的认同不匹配。新媒体环境下的大学生在虚拟空间中接触到的信息不仅来源广泛，而且主题也非常多样，同时，他们还可以通过社交媒体、网络论坛、视频分享平台获取信息并交流观点，而这些信息可能来自不同国家、文化、背景的人群，呈现出了多元化的特点。然而，传统的道德教育指导理念往往忽视了这种多元性，更多地关注于传统的价值观念和道德规范的灌输，忽视了大学生对多元文化的理解和尊重。在这样的背景下，如果仍然坚持传统的道德教育指导理念，可能会导致道德教育效果打折扣，大学生可能会感到与自己在虚拟空间中接触到的信息和观点产生了冲突，产生认同困难和认知不协调现象，他们可能会对传统的道德教育观念产生怀疑和抵触，甚至形成逆反心理，最终导致道德教育失去其应有的教育效果。

其二，教师传统上的主导地位和大学生的被动接受模式无法适应新媒体的发展。在过去，教师被视为课堂的主导者和知识的传授者，他们拥有权威，而大学生只能被动地接受教师的指导，缺乏独立思考的机会。然而，随着新媒体技术的发展和普及，这种传统教育模式已经受到了严重挑战。新媒体背景下的大学生道德教育具有多向互动的特点，教师和大学生都成了课堂的主体，打破了传统教育中教师与大学生之间的知识单向传递。通过社交媒体和在线教育平台等，大学生可以轻松获取各种各样的信息和知识资源，不再完全依赖于教师的教导，他们还可以通过网络搜索、在线讨论和交流，分享自己的观点和经验，形成自己独立的思考方式和学习习惯，因此，教师不再是唯一的知识传授者，大学生也不再是被动的接受者，而是教学过程中的参与者和共同创造者。此时，如果教师依旧沿用传统的道德教育指导理念，那么就会与当下的教学环境产生冲突，从而不能真正发挥其教育作用。

其三，道德教育未能有效跟上社会伦理现代化的步伐。传统的道德教育依旧侧重于向大学生传授传统的道德观念和伦理原则，忽视了新媒体时代的道德认知和行为规范，没有跟上社会伦理现代化的步伐。这种脱节导致了大学生在日常生活中难以将传统道德观念与新媒体时代的现实情境相结合，使得道德教育难以发挥其应有的作用。

（二）道德教育模式不适应新媒体环境

当前，在新媒体环境下，道德教育模式存在高校与社会、现实与虚拟空间、教育主体与大学生自我教育之间脱节的现象，缺乏整体联系，从而影响了道德教育效果。出现这种现象的根本原因是缺乏依托新媒体平台的社会、家庭、高校和学生联动的道德教育模式，因此未能很好地适应新媒体的发展。这种不适应主要表现在以下几方面：

其一，学校道德教育与社会的脱节。高校在道德教育中的目标、内容、形式应该与社会生活相结合，贴近大学生的实际情况，使大学生能够更好地理解和接受德育教育。同时，高校应该根据大学生的特点进行分层设置，制定出适合不同年龄段、不同学科的道德教育方案，让大学生在学习中感受到道德教育的价值和意义。然而，高校道德教育与社会的脱节，使得高校道德教育的目标过高，导致大学生对道德教育望而却步，难以接受和理解道德教育的要求，进而使大学生对道德教育产生了抵触情绪，影响了整体效果。

其二，现实道德教育与虚拟空间道德教育的脱节。随着新媒体的普及和发展，虚拟空间已经成为大学生日常生活的重要组成部分。然而，高校道德教育往往仍然局限于传统的课堂教学和校园管理，未能有效整合虚拟空间的各种资源，这使得大学生在虚拟空间中的行为和价值观念难以受到道德教育的引导和塑造。这种现实道德教育与虚拟空间道德教育的脱节，导致了学校道德教育的局限性，使大学生在虚拟空间中容易受到不良信息的影响。

其三，高校、社会、家庭教育与大学生自我教育的脱节。高校、社会和家庭应当共同育人，形成合力，但实际上，这三者之间往往存在着隔阂和脱节，导致道德教育往往局限于高校内部，缺乏与社会和家庭的紧密合作，进而使得道德教育的效果不佳。同时，在新媒体时代，大学生自我教育的重要性也日益凸显，但目前的道德教育模式往往忽视了大学生的主体地位和自主性，未能充分激发大学生的学习兴趣和潜能，使得大学生在道德教育中的作用受到限制。

（三）道德教育内容、方式、途径与新媒体传播规律不符

道德教育是培养社会成员良好道德品质和行为习惯的重要手段，是构建社会主义核心价值体系的重要组成部分。在社会主义核心价值体系的指导下，道德教

育应当以弘扬社会主义核心价值观为宗旨，引导人们树立正确的世界观、人生观和价值观，促进社会和谐稳定发展。随着信息技术的飞速发展和新媒体的兴起，社会文化的传播环境发生了巨大变化，然而，当前高校的道德教育未能与新媒体传播规律相适应，导致其效果受到一定影响。这主要表现在以下几方面：

其一，教育者对新媒体空间中的道德问题认识模糊，缺乏客观理性认识，无法确立正确的道德教育观念。在新媒体时代，人们通过互联网在社交媒体等平台展开各种虚拟行为，这些行为在一定程度上会受到个体在现实世界中行为和态度的影响，因此，新媒体道德实际上是现实道德在虚拟空间中的延伸。教育者需要全面理解和把握这种现实与虚拟之间的关联关系，以便有效开展道德教育工作。然而，一些教育者将虚拟空间的道德与现实道德割裂对待，他们往往只关注传统的现实道德观念，忽视了虚拟空间中的道德问题，或者简单地将虚拟空间的行为等同于现实行为来对待。这种割裂的认识导致这些教师对新媒体空间中的道德认识不足，无法全面把握虚拟空间中的道德挑战和变化，进而影响了道德教育的实际效果。

其二，对新媒体环境下的道德教育的特点把握不准确。首先，新媒体环境下的道德教育呈现出多样化和碎片化的特点。传统的道德教育往往是通过高校、家庭等固定的渠道传达，内容相对统一，而在新媒体环境下，人们接触的信息更加丰富多样，来自各个领域和各个角度，因而呈现出了多样化和碎片化的特点。这种多样性和碎片化给道德教育带来了挑战，导致传统的教育模式和内容无法再满足大学生的需求，难以吸引大学生的注意力和提高其参与度。其次，新媒体环境下的道德教育呈现出开放性和互动性的特点。传统的道德教育往往是单向传播，教育者向大学生传递信息，而在新媒体环境下，大学生可以通过互联网在社交媒体等平台自由表达意见和观点，参与到教育过程中来。这种互动性使得道德教育更加开放和灵活，但同时也使得道德教育难以形成统一的教育效果。最后，新媒体环境下的道德教育还呈现出了快节奏和即时性的特点。传统的道德教育往往是比较僵化和缓慢的，教育内容和方式变化不大，而在新媒体环境下，信息的传播速度更快，信息的更新周期更加频繁，需要更加及时地跟进和应对。因此，唯有更加深入地理解新媒体环境下道德教育的特点，调整教育内容和方式，才能提高道德教育的吸引力和有效性。

其三，新媒体空间的道德教育内容有待拓展。随着社会的不断发展和变革，大学生面临着新的道德挑战和困惑，如网络欺凌、信息泛滥、虚假宣传等。因此，道德教育内容需要紧跟时代潮流，围绕这些新兴问题展开教育，引导大学生正确处理网络伦理、维护公共秩序，培养健康的网络行为习惯。同时，也需要关注传统道德观念的传承与发展，使其与现代价值观相互融合，形成更加完整和丰富的道德教育内容体系。此外，新媒体空间的道德教育内容需要与传统道德教育相结合，形成一体化的教育模式，这样可以在充分利用互联网、社交媒体等工具的基础上拓展道德教育的传播渠道和形式。最后，新媒体空间的道德教育还需要增加实践方面的内容。道德教育不仅仅是知识的传授，更重要的是通过实践和体验培养大学生的道德情感和行为习惯。新媒体提供了丰富的虚拟体验和互动机会，可以通过虚拟实验、情景模拟等方式，让大学生在虚拟环境中感受道德选择的后果，培养正确的道德观念和行为习惯。同时，也可以通过线上线下相结合的方式，组织各种道德教育实践活动，让大学生亲身参与其中，感受社会责任和公共利益，提升道德修养。

其四，缺乏互动性。在当今数字化时代，新媒体以其多样化的传播途径成为重要的信息传播渠道，为道德教育提供了全新的可能性，然而，道德教育工作者在利用新媒体进行道德教育时，主要采用信息发布为主的传播方式，缺乏互动成分。与此相反，大学生更偏好互动型途径学习，如通过 QQ、微信等社交媒体进行交流互动。这种互动不仅使大学生更加积极参与，也能够增强道德教育的实效性和影响力。因此，缺乏互动性也会成为制约新媒体空间道德教育发展的重要因素。

（四）道德教育的队伍建设不到位

要想有效地利用新媒体渠道进行高校道德教育，需要建立起一支由教育、宣传等政府部门，社交媒体企业以及高校组成的具备专业知识和实践经验的道德教育团队。然而，当前的情况显示，这三个部门在信息技术水平、综合素质和新媒体道德教育实践意识方面都未跟上新媒体发展的步伐。

其一，尽管社交媒体企业在信息领域拥有巨大的优势，但它们往往缺乏道德教育意识。

其二，网络上的信息鱼龙混杂，导致部分教育、宣传行政部门人员和高校道德教育工作者认为新媒体会对社会产生负面影响，因此不愿意主动利用新媒体开展道德教育工作。这种态度的存在导致了在新媒体空间下的道德教育资源和工作机会的浪费，制约了道德教育工作的深入开展。此外，还有一部分教育、宣传行政部门人员和高校道德教育工作者选择了积极拥抱新媒体，但是他们的信息技术水平和道德教育经验之间存在不平衡现象。一方面，具备较高信息技术水平的人士可能缺乏足够的政治理论和道德教育经验，导致其在新媒体空间下开展的道德教育工作缺乏深度和广度；另一方面，具备丰富道德教育经验的人士可能信息技术水平较低，无法充分利用新媒体平台进行道德教育。这种信息技术水平和道德教育经验之间的不平衡现象同样制约了道德教育工作在新媒体空间下的发展和创新。

其三，没有重视新媒体舆论引导队伍的建设。在新媒体时代，舆论的影响力日益凸显，因而新媒体舆论引导队伍作为舆论引导的主体，其作用不可忽视。然而，道德教育工作未能充分重视这一队伍的建设，导致了在新媒体平台上的道德教育工作跟不上舆论的变化和发展，使得道德教育工作的效果大打折扣。

第二节　新媒体环境下高校道德教育环境的优化

道德教育不仅仅是在课堂上进行的知识传授和价值观灌输，更重要的是通过日常生活和社会环境的熏陶，使个体形成正确的道德观念和行为准则。因此，道德教育环境的塑造是道德教育过程中至关重要的一环，它直接影响着个体思想品德的形成和发展。而随着新媒体的兴起，新媒体不仅对个体的道德观念和行为产生了影响，也对我国的社会伦理道德环境和高校道德教育环境带来了积极和消极的影响。积极方面，新媒体为道德教育提供了更多元、更便捷的渠道，可以通过互联网平台传播正能量和优秀的道德典范，促进良好的社会风气和价值观念的传承；消极方面，新媒体的泛滥和不良信息的传播也给道德教育带来了挑战，容易引导大学生产生消极的行为倾向。因此，有必要采取一系列措施，实现中国传统伦理在新媒体时代的现代转化，进而优化整体道德教育环境，促进大学生道德观念和行为习惯的健康发展。

一、实现中国传统伦理的现代转化

（一）新媒体环境下当代中国传统伦理现代转化的取向

在过去，由于信息传递方式有限，信息传递速度也很慢，因此，人们的社交范围往往局限在家庭、邻里和单位等小范围内。然而，随着互联网的普及和社交媒体的兴起，人们的社交圈不再受地域的限制，而是可以通过网络与全球各地的人交流互动。这种跨越地域界限的交流促进了人们之间的相互了解与信任。同时，新媒体的发展也催生了开放、民主等现代伦理精神。随着新媒体的普及，人们开始习惯于在网络上发表自己的观点，参与到各种讨论和辩论中。这种开放的交流环境有助于培养个体的民主意识和批判思维，从而推动了社会治理体系的转型和完善。不仅如此，新媒体的发展还使得中国传统伦理观念得以更新与演进。中国传统伦理注重家庭、社会和国家的和谐发展，强调个体的责任与义务，但在面对现代社会的挑战和变革时，传统伦理观念可能显得僵化和滞后。而新媒体的发展为人们提供了更多元化的信息和观点，引导人们重新审视传统伦理观念，思考如何在现代社会中发挥其积极作用。

（二）新媒体传播促进当代中国传统伦理现代转化的内在机理

新媒体传播促进当代中国传统伦理现代转化的内在机理可以从以下几个方面来进行探讨：

第一，传统的社会伦理观念在现代社会的冲击下逐渐失去了原有的意义和影响力，与现实生活的需求和价值取向之间产生了错位和矛盾。这种紧张关系不仅是传统伦理观念在现代社会中局限性的体现，更是中国传统伦理变迁的动力机制之一。首先，传统的伦理观念往往是基于有限的信息资源和局部的社会环境而形成的，而现代社会的复杂性和多样性使得这些传统观念显得苍白和单一，加之通过新媒体，个体能够接触更加丰富和多样化的信息，不受地域和身份的限制，从而对传统伦理观念产生了质疑和挑战。这种信息的碰撞和冲突促使传统伦理观念与现实社会之间产生了不可忽视的紧张关系，需要寻求新的适应现代社会的伦理规范。其次，在传统社会中，集体主义和社会责任感往往被视为伦理观念的核心，个体的利益往往要让步集体利益。然而，随着新媒体的发展，个体在社会中的地位和影响力逐渐增强，多元化的价值观开始得到更多关注和认可。个体的需求和权利被视为伦理规范的重要组成部分，社会的价值观也趋向于多元性和包容性。这种转变使得传统伦理观念面临着重新解读和调整的挑战，需要寻找新的平衡点和共识。

第二，新媒体具有虚拟性和广泛的交互性，在它的影响下，人们的交往方式发生了深刻的变革，人类的生活空间也被带入了虚拟社会和网络空间，这对新媒体交往行为提出了伦理道德的要求，进而影响了现实伦理道德的变迁。首先，在新媒体环境下，人们的交往方式更加开放、自由，突破了现实社会中的地域、文化、社会等差别，增强了个体的道德选择能力。其次，在新媒体中，每个人都可以自由表达自己的观点和看法，这对于个体的道德自主性和自由性起到了积极的促进作用。不过，新媒体伦理强调的个体自主性和自由性与传统的伦理观念有所不同。传统伦理观念强调社会的规范和约束，而新媒体伦理更加注重个体的自主选择和自由发展。这种伦理观念的变化，促进了现实伦理向开放、自主的现代理性伦理演进。

（三）新媒体传播促进当代中国传统伦理现代转化的实现机制

当下，通过新媒体，信息得以更加自由地传播和交流，这对传统伦理的现代转化起到了积极的推动作用。而探讨如何充分发挥新媒体对传统伦理现代转化的促进作用，是一项具有重要意义的课题。

首先，在新媒体环境下，舆论应当被适度引导。中国社会的发展需要充分发挥新媒体的作用，新媒体具有广泛的传播范围和强大的影响力，可以促进社会的发展，在新媒体环境下，个体主体自觉和契约精神的展现，可以为社会的发展提供有力的支持。同时，新媒体也需要适度引导舆论，防止出现不良的社会影响。

新媒体凭借其多种特性形成了理想的公共领域，如新媒体的互动性和平等性，使得公共领域的参与门槛大大降低，任何人都可以在新媒体平台上自由表达自己的观点和意见，这种自由和平等的表达方式，使得公共领域的辩论更加广泛和多元化，有利于形成更为丰富和复杂的社会思潮和价值观；同时，新媒体的开放性和超越时空性，也使得公共领域的辩论更加全面和深入，人们可以随时随地参与到公共领域的辩论中，推动公共领域的发展和进步。可以说，正是由于新媒体的出现，传统公共领域的内涵才得到了拓展。传统的公共领域主要关注社会政治领域的问题，而新媒体的出现，使得公共领域的关注范围不仅限于社会政治，还包括与现实生活相关的事务，如文化、教育、科技、环保等。这种从政治向生活政治的转变，使得公共领域更加贴近人们生活，更加关注社会的全面发展，体现了公共领域的探讨对象从传统政治向生活政治的转型。

此外，新媒体传播环境是一个多元文化交织的复杂文化环境，在这个复杂的文化环境中，传统媒体的调控手段难以实现，因此需要根据新媒体形成的公共领域特点，合理运用议程设置功能等手段，加强社会主义核心价值观对新媒体舆论的引导。一方面，针对新媒体传播环境的多元文化交织的特点，需要合理运用议程设置功能，引导新媒体舆论的发展方向。议程设置是指通过媒体的选择和强调，将某些话题或问题置于公众关注的焦点之中。在新媒体环境下，议程设置功能的作用更加突出，可以通过合理设置议程，引导公众关注社会主义核心价值观。另一方面，针对新媒体传播环境的开放性和互动性的特点，需要加强社会主义核心价值观对新媒体舆论的引导。社会主义核心价值观是中国特色社会主义核心价值体系的精神内核，是中国特色社会主义事业的重要支撑，在新媒体环境下，加强社会主义核心价值观的传播和引导，可以提高公民的道德选择和判断能力，培养理性、自主、独立的公民。最后，针对新媒体传播环境的多样性的特点，需要将社会主义核心价值观具体化和形象化地表达出来。具体化是指将抽象的价值观念具体化成为人们生活中的实际行动，让人们在日常生活中能够体现社会主义核心价值观；形象化是指通过形象、符号等方式来传达社会主义核心价值观，让人们在视觉、听觉等方面感受到社会主义核心价值观的魅力。通过具体化和形象化的手段，可以更好地引导新媒体舆论，推动社会主义核心价值观在新媒体环境下的传播和引导。

其次，加强新媒体传播法规和伦理规范建设，从而促进社会现代伦理的形成和发展。当前，新媒体传播产生了重建现代伦理规范的现实要求，其中包括重建个体伦理规范和重建行业自律规范，个体伦理规范是指个人在使用新媒体时应该遵循的道德规范，如尊重他人隐私、不传播虚假信息等；行业自律规范则是指新媒体行业应该遵循的道德规范，如不传播低俗信息、不侵犯他人知识产权等。这些伦理规范的重建和执行，可以有效地约束新媒体传播活动中的不良行为，推动新媒体行业的健康发展。然而，单纯的道德规范约束力有限，因此需要相关法律的保护和规范。对此，我国应该加快对互联网的立法，健全新媒体的管理法规制度建设。在法律规范的保护下，新媒体传播的行为将更加规范和有序，同时也能够更好地保护公民的合法权益。不过值得注意的是，在网络立体管制体系中，新媒体使用者的道德自律是根本，技术与法律只是手段。因此，需要引导广大新媒体用户树立正确的价值观，自觉遵守伦理规范和法律法规，形成良好的道德风尚。同时，也需要加强对新媒体用户的教育和引导，提高他们的道德素质和法律意识，使其在使用新媒体时能够自觉遵守规范。只有通过多方合力，才能够有效地推动新媒体传播的健康发展，为社会现代伦理的形成和发展做出积极的贡献。

二、健全新媒体管理机制，优化新媒体环境

随着新媒体的快速发展，信息传播的速度和范围得到了极大的提升，这给社会带来了新的挑战。如何使新媒体环境呈现健康、和谐的状态，并发挥其对道德

教育的积极作用，成了一个亟待解决的问题。对此，我们需要建立能够适应新媒体特点的管理机制，从而更好地发挥新媒体对道德教育的积极作用，引导大学生树立正确的价值观念。

（一）建立与新媒体发展相适应的管理机制

随着新媒体的快速发展，新媒体的传播速度和范围不断扩大，虚假信息、低俗内容等不良现象也在不断涌现。如何有效地管理和监督新媒体，保障其道德教育功能的充分发挥，成为我国必须面临的难题。

第一，建立政府为主导、社会为主体、新媒体用户参与的立体联动的新媒体管理机制。

首先，在该体系中，政府要处于主导地位。政府必须通过完善新媒体管理法规，从法律和规章制度的角度对新媒体管理予以立法，使新媒体管理有法可依、有章可循。不过，新媒体管理法规的制定应当充分考虑新媒体的特点和发展趋势，保障社会公共利益和公共秩序。同时，政府还应当通过明确新媒体监管部门及其职责和权限、完善管理办法等措施提高监管的力度，这样可以有效地管理和监督新媒体，防止出现虚假信息、低俗内容等不良现象。此外，政府还需要建立起与新媒体行业、企业以及新媒体用户的沟通渠道，及时收集、反馈和处理相关信息和意见，这样可以增强政府的管理效能，提高新媒体管理的实际效果。

其次，以社会为主体是确保新媒体管理机制发挥作用的决定条件，这里的社会主要指与新媒体相关的行业和企业。新媒体行业和企业应该加强自律，自觉遵守新媒体管理法规，做到合法合规经营。同时，新媒体行业和企业应该注重社会效益和经济效益的兼顾，注重企业的社会责任，推动新媒体行业的健康发展。新媒体行业和企业还应该加强管理创新，注重人才培养和技术创新，提高管理水平和技术水平，这样，不仅能提升新媒体行业和企业的竞争力，为用户提供更好的服务，还能推动新媒体行业的发展。不仅如此，新媒体行业和企业还应积极参与到新媒体管理的具体过程中，积极向政府反馈意见和建议，促进新媒体管理法规的制定和完善，推动新媒体管理机制的建立。

最后，新媒体用户的自觉自律参与是整个新媒体管理体系中的基础性的中心条件。新媒体用户应该自觉遵守新媒体管理规章，不发布虚假信息、低俗内容等不良信息，不传播违法信息，不参与网络暴力等不良行为。同时，新媒体用户还可以通过与政府和新媒体企业互动进行监督、反馈，如对网站管理规章的执行情况进行监督，及时反馈问题和意见，促进新媒体管理的完善和管理水平的提高，这样可以有效地维护新媒体环境的健康发展。

第二，形成统分结合、相对集中、职责明确、权责一致的管理体系，提高新媒体管理的成效。在新媒体管理体系的建设过程中，应遵循整合性管理、层次性管理和兼容性管理这三个原则，整合性管理原则强调整合各种管理资源，形成协同效应；层次性管理原则强调管理体系的分层次和分级别，形成分工协作；兼容性管理原则强调管理体系的兼容性和可持续性，形成动态适应。这样建设出来的管理体系才可以有效地管理和监督新媒体，保障社会公共利益和公共秩序，实现新媒体的健康发展。具体措施如下：

一是要建立相对集中统一的新媒体管理体系，通过共同管理来完善治理。首先，当前新媒体管理存在分散、重复、交叉等问题，需要整合相关管理部门，建立相对集中统一的新媒体管理体系。这样可以避免管理职能的分散和重复，提高管理效率和管理水平。其次，在建立相对集中统一的新媒体管理体系的过程中，需要将管理职能集中在几个部门，明确主导者和协作者的角色，这样可以确保新媒体运营的权力由中央统一管理，避免失去传播优势和舆论监督的积极效果。最后，在新媒体管理体系中，地方管理部门也要发挥重要作用，因此，需要完善地方管理部门的管理机制，建立健全的管理制度和管理流程，加强地方管理部门的职能和能力建设，提高地方管理部门的管理水平。

二是要完善新媒体管理的法律法规体系。虽然我国已经出台了一系列针对新媒体管理的法律法规和规章，但这些仍然滞后于互联网产业的发展，因此需要加强法律法规的制定和修订，及时跟进新媒体的发展和变化，保证法律法规与时俱进。同时，还需要加强法律法规的协调和衔接，避免出现法律法规之间的冲突和重复。此外，由于新媒体管理法律法规的执行机制是法律法规有效实施的重要保障，因此还需要建立健全的法律执行机制，加强对新媒体管理法律法规的监督和检查，对违法违规行为进行严厉打击和处罚，保障新媒体信息安全。最后，需要加强对新媒体管理法律法规的宣传和普及，提高公众的法律意识和法律素养，增强公众对新媒体管理法律法规的认知和理解。

三是要加强行政管理、技术研发和新技术手段建设，以提升新媒体管理效能。首先，要加强行政管理手段。行政管理手段是新媒体管理的重要手段之一，包括信息过滤与封堵、内容审查制、网站注册制等。这些手段可以有效地控制新媒体信息的传播和发布，保障社会公共利益和公共秩序。同时，还需要加强对行政管理手段的监督和检查，保证其合法、合理、有效。其次，要加强技术研发。技术研发是新媒体管理的重要保障，因此需要加强对新媒体技术的研究和开发，探索新的技术手段和方法，提高新媒体管理的效能和水平。如可以研发新的信息过滤和封堵技术，提高内容审查的准确性和效率；开发新的监测和管理工具，提高监测和管理的全面性和精准性。最后，要加强新技术手段建设。新技术手段建设是新媒体管理的重要手段之一，因此需要加强对新技术手段的建设和应用，探索新的管理模式和方法，提高新媒体管理的效能和水平。如可以探索建立新媒体信息内容监测指挥系统，实现与其他相关部门资源的共享，以便于更有效地全面监测和管理新媒体信息。同时，还可以加强对新技术手段的培训和普及，提高管理人员的技术素养和管理水平。

（二）加强新媒体传播的法规和伦理规范建设

随着新媒体技术的快速发展，新媒体传播的法规和伦理规范建设也在不断完善。然而，由于新媒体的特殊性和复杂性，有关新媒体传播的法规和伦理规范建设存在滞后的问题，新媒体立法存在现实的困境，主要表现在以下几个方面：一是法律主体难以确定。在新媒体传播中，任何法人或自然人都可以使用非真实的代号上网，这使得法律主体难以确定。如果无法确定起诉对象的真实姓名和真实身份，就无法进行追责。这种情况下，法律的适用和维护就会受到影响。二是法律责任及其程度难以界定。由于新媒体传播的虚拟性和全球性，很难确定每个参与者的具体行为，这种情况下，法律责任及其程度的确定往往存在争议。如果无法确定法律责任及其程度，就无法进行法律审批。三是新媒体立法工作相对滞后。由于新媒体立法工作的滞后，现有的法律法规往往无法完全适应新媒体社会的需求。这种情况下，现有的法律法规往往存在漏洞和不足，无法充分保障新媒体的良性发展和公众利益。

面对这种情况，必须以法律为强有力的后盾，将法律的“他律”与网民的“自律”结合起来，从多层面、多维度推动新媒体文明的发展。为此，需要进一步健全和完善新媒体传播的法规和伦理规范。首先，需要建立新媒体社会行为监管机制。新媒体传播的虚拟性和全球性，使得监督和管理新媒体的行为和规则成了一项重要任务，需要建立新媒体社会行为监管机制，监督人们在网络上的虚拟行为，并对不道德行为进行惩戒，这样可以有效地维护新媒体的良性发展和公共利益。其次，需要加强和完善新媒体的法治建设。在已有的基础上，需要制定一部全面的“新媒体法”，规范新媒体社会的各种行为。这样可以为新媒体的良性发展提供法律保障，保障公民的合法权益，维护社会的公共利益。再次，需要健全新媒体执法队伍，维护新媒体安全。新媒体的兴起使信息传播的速度和范围大大提升，但也带来了信息泛滥和虚假信息传播的问题，在这种情况下，健全的新媒体执法队伍可以加强对新媒体平台的监管，及时处置虚假信息和网络谣言，维护公共利益和社会稳定。此外，随着新媒体技术的不断发展，网络犯罪活动也日益猖獗，如网络诈骗、网络侵权等。要有效打击这些违法犯罪行为，需要有专业的新媒体执法队伍，要具备高超的技术水平和执法能力，能够保障网络空间的安全和秩序。最后，需要加强对大学生的新媒体伦理规范教育。大学生是新媒体的主要使用者和传播者，他们的行为和态度对新媒体的发展和社会的进步具有重要影响，因此需要让大学生了解、认同和遵守新媒体法律和伦理规范，培养良好的网络行为习惯。这样可以有效地推动新媒体文明的发展，培养良好的网络文化和价值观。

三、加强校园网管理和建设，优化校内道德教育环境

在当今数字化时代，新媒体的迅速普及给道德教育工作带来了前所未有的挑战与机遇。高校校园网是大学生接触最多的新媒体平台之一。大学生在校园网上接触到的信息种类繁多、来源复杂，其中既有正面的、有益的内容，也存在着负面的、有害的内容，如一些不良的网络游戏、虚假的信息、低俗的言论等，这些都可能对大学生的思想道德产生不良影响，挑战着高校的道德教育工作。因此，高校应当加强校园网建设和管理，充分发挥其对大学生道德教育的积极作用。

（一）完善校园新媒体管理制度

完善管理制度是保障新媒体道德教育工作健康有序发展的重要前提，因此，高校应当建立起一套科学的管理制度，包括信息审核、发布机制、网络监管等方面的内容，确保每一项工作都有章可循、有规可依。只有这样，才能明确新媒体道德教育工作的目标和任务，明确责任和权限，为新媒体背景下道德教育工作的有序开展提供支持和保障。对此，高校可以从以下几方面入手：

1. 加强制度管理

随着校园新媒体的发展日益迅猛，随之而来的安全隐患也日益凸显。对此，加强制度管理成了确保高校校园新媒体安全的关键所在。制度管理应贯串安全生命周期的始终，校园新媒体的发展需要有严格的规章制度来支撑。

首先，制度管理需要明确安全管理等级和范围。针对不同类型的信息和不同层次的安全需求，高校应当建立起相应的安全管理等级体系，明确各级别信息的保密程度和可操作范围。如对于敏感信息和个人隐私，应当实行更高级别的保护

措施，而对于一般信息，则可以采取相对宽松的管理措施。此外，制度管理还需要明确安全管理的范围，即确定哪些部门或个人负责何种安全管理工作，明确责任、权限和监管机制。

其次，制度管理需要制定维护和应急措施。维护措施包括对系统和数据进行定期维护和更新，加强安全防护和监管，及时发现和处理安全漏洞和风险；应急措施包括建立起一套完善的安全应急预案，明确安全事件的处理流程和责任人，提前做好应急演练，确保在安全事件发生时能够迅速、有效地应对和处置，最大程度地减少损失。

最后，实行实名制原则也是加强校园新媒体安全管理的重要举措之一。通过严格管理用户注册和信息发布，确保每一个用户都有明确的身份信息，并对其发布的信息进行实时监管和追溯，可以有效降低虚假信息和不良内容的传播风险，维护校园新媒体平台的安全稳定。

2. 加强人员管理

新媒体运营的核心和关键是人，其行为直接影响着新媒体平台的安全和稳定，因此，加强人员管理是确保新媒体安全的重要一环，是实现新媒体安全管理的关键措施。

首先，增强管理人员的安全意识至关重要。管理人员是新媒体安全管理的核心，他们负责制定安全策略、监督安全措施的执行、及时应对安全事件等重要工作。因此，管理人员需要具备良好的安全意识，深刻理解新媒体安全的重要性，能够审时度势地制定相应的安全管理措施。他们需要不断学习最新的安全知识和技术，保持对安全风险的敏感性，及时调整安全策略，确保新媒体系统的稳定运行。

其次，要加强使用人员的安全意识。使用人员包括教师、大学生等新媒体平台的实际使用者，他们直接参与信息的发布、传播和交流，因此他们的安全意识和行为举止直接影响到新媒体平台的安全。高校应该通过开展安全教育和培训活动，提高使用人员的安全意识，教育他们正确使用新媒体平台，防范网络安全风险，保护个人隐私和信息安全。

再次，明确责任分工是确保新媒体安全管理的重要保障。在高校组织架构中，应当明确新媒体安全管理的责任分工，明确各个部门和个人在安全管理中的职责和权限。管理人员应当清楚自己在安全管理中的具体职责，及时发现和处理安全问题，确保安全管理工作的顺利开展；技术人员则应当具备专业的技术知识和技能，负责系统的建设、维护和更新，确保系统的安全性和稳定性；使用人员则应当遵守相关的安全规定，正确使用新媒体平台，不得滥用权限，不得发布违法、违规信息，要保护个人隐私和信息安全。

最后，加强技术人员的学习和培训也是确保新媒体安全管理的重要手段。随着信息技术的不断发展和变革，新媒体安全管理所需的技术知识和技能也在不断更新和提升，因此技术人员需要不断学习和提高自己的技术水平，不断掌握新技术、新工具和新方法，提高新媒体系统的安全性和稳定性。高校应该加强技术人员的培训和学习，提供相关的培训资源和学习机会，帮助技术人员不断提升自己的技术水平和专业素养，更好地保障新媒体系统的安全运行。

3. 加强危机管理

为了确保新媒体平台的稳定运行，加强新媒体危机管理显得至关重要。只有通过全面加强危机管理，才能有效预防和化解各类危机事件，保障师生的信息安全和权益。

首先，高校要建立故障处理预案。故障处理预案是针对可能出现的各类故障和危机情况，提前规划和制定的应对方案。这些方案包括但不限于服务器故障、网络攻击、系统漏洞等各种可能影响新媒体平台正常运行的问题。在建立故障处理预案时，需要明确责任人、应急联系方式、应急处理流程等关键信息，以确保在发生危机时能够迅速有效地应对和处置，最大程度地减少损失。

其次，高校应当制定系统备份计划，并做好完整的数据备份。系统备份指的是对新媒体系统的各个关键部分进行定期备份，包括服务器系统、数据库、应用程序等。做好完整的数据备份是对所有数据进行定期备份，包括用户信息、内容数据等。通过制定系统备份计划并做好完整的数据备份，可以在系统遭受损坏或数据丢失时，快速恢复系统和数据，保障新媒体平台的正常运行和数据安全。

最后，实施 24 小时监测和安排技术值班也是保障新媒体平台稳定运行的重要手段。通过 24 小时监测系统，可以实时监测新媒体平台的运行状态和性能指标，及时发现并解决潜在问题，保障系统的稳定性和可用性。同时，设置技术值班人员，负责随时响应并处理各类故障和危机事件，确保新媒体平台在任何时候都能够正常运行。

（二）培养校园新媒体管理人才

为了有效地管理和运用新媒体资源，高校应该培养校园新媒体管理人才，并让其专门负责校园新媒体的管理工作。在培养校园新媒体管理人才的过程中，针对不同层次的新媒体管理人员，高校可以组织举办各类培训课程，包括新媒体运营策略、危机管理、数据分析等方面的培训，以帮助他们更好地理解和掌握新媒体管理的核心知识和技能。通过培训，可以提升新媒体管理人员的综合能力，提高他们应对各种复杂情况的能力，从而更好地开展新媒体管理工作。同时，高校还应该建立激励机制，对表现优异的新媒体管理人员进行奖励和激励。这些奖励可以包括物质奖励、荣誉奖励等多种形式，以激发新媒体管理人员的积极性和创造性，进一步提升他们的工作热情和责任感。通过建立激励机制，可以有效地调动新媒体管理人员的积极性和工作热情，促使他们更好地履行职责，推动校园新媒体的快速发展。

（三）引导大学生养成文明上网的习惯

大学生群体作为新时代的青年代表，其上网行为对于社会风气具有重要影响。因此，培养大学生文明上网的习惯显得尤为重要，这不仅涉及个人素质的提升，更关乎整个网络环境的和谐与发展。

首先，要培养大学生辨别善恶美丑的能力。随着互联网的快速发展，网络上充斥着各种各样的信息，其中既有正能量的内容，也存在着不良信息和虚假信息。大学生作为互联网的中坚力量，需要具备良好的辨别能力，能够识别出哪些信息是有价值的、真实的，哪些是不健康的、不良的。只有不断培养大学生辨别善恶美丑的能力，才能让他们在浩如烟海的信息中保持清醒头脑，远离不良信息的侵蚀，从而确保新媒体的安全。

其次，要引导大学生遵守新媒体法规。作为社会的一员，大学生在网络空间中同样要遵守国家法律法规和网络道德规范，不得传播违法信息，不得侵犯他人的合法权益。通过加强法治教育和网络道德教育，引导大学生树立正确的法律意识和社会责任感，自觉遵守新媒体法规，自觉维护网络环境的安全和良好秩序。只有这样，才能有效地净化网络环境，确保新媒体的安全与稳定。

第三节　新媒体环境下高校道德教育模式的创新

传统的高校道德教育主要通过课堂教学、校园文化建设和社团活动等方式进行，其特点是教育内容相对固定，教育对象相对集中，教育过程相对封闭。然而，新媒体的发展使这种模式显得有些束缚和滞后。因此，要想有效地进行高校道德教育，就必须与新媒体环境和相关主体相融合，建立起新的道德教育模式。

一、建立新媒体虚拟空间与现实空间结合的道德教育模式

新媒体虚拟空间与现实空间结合的道德教育模式是一种在整体育人理念的指导下，将新媒体虚拟空间与现实空间相结合，形成的一种虚拟与现实共存的道德教育模式。它能够很好地适应新媒体环境的需要，提升德育效果。

（一）明确虚拟性与现实性的关系

新媒体的出现和发展诞生了虚拟空间这一虚幻而又真实存在的世界，其与现实世界相对应，却又具有独特的特点和功能。“虚拟空间的本质就是其虚拟性，是指人的活动从以往以物质实体和能量载体为基础的活动平台，转移到以信息网络为基础的活动平台后所实现的一种生存性状。”[①] 与虚拟相对应的是现实性，“是指人的活动在以物质实体和能量载体为基础的物理时空（现实世界、现实社会、现实空间）中所表现的生存性状”[②]。虚拟空间的出现使人们在更大范围内演绎着现实中的社会关系，虚拟性与现实性之间的关系存在既有区别又有统一的两个方面。

首先，认识虚拟生存的特点。虚拟生存所具有的间接性、流动性、隐匿性、平等性、开放性和共享性等特点，正是新媒体所提供的沟通平台所体现的重要特征。第一，虚拟生存的间接性使得人们可以在虚拟空间中进行沟通和交流，而无需受到时间和空间的限制，通过互联网、社交平台、即时通信工具等，人们可以随时随地与他人进行沟通，分享自己的想法、经验和感受。这种间接性的特点，使得沟通变得更加便捷和高效，促进了人与人之间的交流和理解。第二，虚拟生存的流动性使得信息和内容能够自由地在虚拟空间中传播和流动。在新媒体时代，信息的传播速度和范围都得到了极大的提升，人们可以通过各种渠道获取到丰富多样的信息和内容。这种流动性的特点，为人们提供了更多的信息获取渠道和更丰富的选择，丰富了人们的生活和思想。第三，虚拟生存的隐匿性使得人们可以在虚拟空间中匿名发言。在虚拟世界中，人们可以选择性地展示自己的身份和信息，保护个人隐私，避免受到外界的干扰和侵扰。这种隐匿性的特点，为人们提供了一个安全和舒适的交流环境，促进了人与人之间的真诚交流和情感沟通。第四，虚拟生存的平等性使得每个人都有平等的机会参与到公共生活中。在虚拟空间中，没有地域和身份的限制，每个人都可以平等地发表自己的观点和意见，参

① 霍福广，刘社欣．信息德育论[M]．北京：人民出版社，2008.

② 同①．

与到各种讨论和活动中。这种平等性的特点，为人们提供了一个公正和开放的社会环境，促进了社会的民主和进步。第五，虚拟生存的开放性使得虚拟空间成为一个开放的交流平台，吸引了来自不同背景和领域的人们参与其中。在虚拟世界中，人们可以自由地分享自己的观点和经验，与他人进行交流和互动，共同探讨各种话题和问题。这种开放性的特点，为人们提供了一个多元化和包容性的交流环境，促进了人与人之间的交流和合作。第六，虚拟生存的共享性使得人们可以共享和共创各种资源和内容。在虚拟空间中，人们可以通过共享平台、社交网络等，分享自己的知识、技能和经验，共同创造出丰富多彩的文化和社会资源。这种共享性的特点，为人们提供了一个共享和合作的交流平台，促进了社会的进步和发展。

其次，虚拟性与现实性的区别。虚拟性与现实性的区别不仅仅体现在人们生存的时空特性上有所不同，更体现在社会存在方式以及社会存在和发展的深度和广度等方面。第一，人们生存的时空特性，是虚拟性与现实性之间的根本区别。虚拟空间以其独特的属性，突破了时间和空间的束缚，使得信息传递更为迅捷，使人们可以在瞬息之间穿越千里，与全球各地的他人交流互动。相比之下，现实空间则以时间和空间为定位标志，将人们的活动限定在具体的地点和时间段内，必须亲临现场才能进行交流和互动。第二，虚拟性与现实性在社会存在方式方面有较大区别。虚拟生存是以虚拟方式存在的，人们在虚拟空间中可以通过数字化的身份展示自己，进行各种社交互动和活动。与之相反，现实生存则以物质实体方式存在，人们需要通过自己的身体和行为与周围环境进行互动。第三，虚拟性与现实性在社会存在和发展的深度和广度方面有较大区别。在虚拟空间中，人们可以超越现实世界的种种限制，尽情地探索和发展自己的潜能，实现多种虚拟的选择。然而，在现实社会的活动中，人们往往会受到民族、国家范围的限制，受到现实生活的各种因素的制约，要遵守种种规范。

最后，虚拟性与现实性的统一。在当今社会，人们可以在虚拟世界中尽情探索、交流、学习和娱乐，这为人们的生活带来了诸多便利和乐趣。然而，与此同时，虚拟世界也存在一些问题和挑战，如信息泛滥、网络沉迷、隐私泄露等，这些问题可能会对人们的身心健康和社会生活造成不良影响。在这样的背景下，我们需要认识到虚拟性与现实性的统一才是新媒体健康发展的关键。虚拟世界和现实世界并不是彼此独立、互相排斥的，而是可以相互融合、共同存在的。虚拟空间为人们提供了一个全新的交流和互动平台，但不能被新媒体的便利性所迷惑，而忽视了现实生活的重要性。在虚拟世界中，人们可以尽情展现自己的个性和才华，但同时也要意识到虚拟世界只是现实生活的一部分，不能完全替代现实生活。因此，我们需要在虚拟世界和现实生活之间找到一个平衡点，将二者统一起来，使其相辅相成，共同促进人们的全面发展和社会的和谐进步。要实现虚拟性与现实性的统一，要做到以下两点：

一是虚拟性要还原到现实性。虚拟社会具有多向性和互动性，通过新媒体空间，人们可以展现出真实的自我、想象的自我和多元的自我。如社交媒体平台上的个人资料和动态展示了人们真实的兴趣爱好、生活状态和社交圈子，同时也展示了人们对自我形象的塑造和想象。同时，现实社会的人际关系、文化背景和社会环境会对虚拟社会中的行为和表达产生深刻影响，这是由于虚拟社会中的个体并不是与现实社会完全隔离的，人们的行为和言论还是会受到现实社会的规范和约束的。加之在新媒体关系中，人们可以匿名或伪装身份实施网络行为，这给社会秩序和个人权益带来了一定的风险，如网络欺凌、虚假宣传和侵犯隐私等问题在虚拟社会中时有发生，这些问题需要通过法律和道德规范的调整来解决，但最终的调整和改造还是取决于现实社会关系的调整。因此，虚拟性一定要还原到现实性，虚拟社会也需要接受现实的检验，只有平衡虚拟社会与现实社会的关系，才能更好地抓住新媒体时代的机遇。

二是应坚持虚拟性与现实性的辩证统一。虚拟性与现实性的辩证统一是理解和应对信息时代的生存环境的重要原则。虚拟性和现实性并非对立的关系，而是相互依存、相互作用的关系，虚拟生存只是现实生存的一部分，不能完全取代现实生存，二者共同构成了人类基本的生存方式。

总之，实现虚实共生、良性循环是我们在新媒体时代需要追求的目标。为此，我们需要关注和适应虚拟社会的特点，平衡虚拟社会与现实社会的关系，从而推动社会的发展和进步。

（二）把握好新媒体道德教育与现实道德教育的关系

新媒体道德教育有广义和狭义两种解释，前者是指在新媒体环境下进行的道德教育，后者是指基于新媒体的道德教育。不过，不论哪种解释，都认为新媒体道德教育与传统现实道德教育之间是辩证统一的关系，两者相互补充，共同促进道德教育的发展和完善。

首先，新媒体道德教育与现实道德教育的区别很大。随着新媒体的普及和影响力日益增强，人们对如何借助新媒体提高道德教育效果的研究也日渐深入。在这一背景下，比较新媒体道德教育和现实道德教育的区别，有助于深入探讨如何更好地利用新媒体平台进行道德教育，以提升道德教育的水平。

第一，新媒体道德教育与现实道德教育在传播方式上存在明显的区别。传统的现实道德教育主要通过学校、家庭和社会等传统渠道进行，如教师、家长和社会规范的引导。而新媒体道德教育则是通过互联网、社交媒体、手机应用等新兴平台传播道德观念和价值观。新媒体的传播速度和覆盖面广，使道德教育的传播更加高效和全面，但也存在信息混杂、真假难辨的问题，需要更加谨慎地筛选。

第二，新媒体道德教育与现实道德教育在互动性上存在较大差异。新媒体平台如社交媒体、在线教育等提供了更多的互动和参与机会，使得道德教育更具个性化和参与性。大学生可以通过发表观点、评论交流等方式积极参与道德教育活动，促进道德观念的传播和碰撞。而传统的现实道德教育更注重于知识传授和灌输，互动性较弱，缺乏灵活性和个性化。

第三，新媒体道德教育与现实道德教育在内容形式上也存在不同。新媒体平台的多样性和互动性为道德教育的内容提供了多元化和创新的可能性，如视频、微博、博客、短视频等形式丰富多样，使得道德教育更生动有趣、易于接受。而传统的现实道德教育以课堂教学、书面材料等传统形式为主，信息呈现方式相对较为单一和呆板。

其次，新媒体道德教育与现实道德教育存在内在联系，新媒体道德教育离不开现实道德教育。一方面，只有以现实道德教育为基础，新媒体道德教育才不至于成为无根基的道德教育。现实道德教育是学生道德品质的根本基础，是他们塑造理想人格和形成正确价值观的重要途径。新媒体道德教育只有立足于现实道德教育的成果和经验，才能充分发挥传统教育的优势和特点，才能将道德规范和价值观念融入新媒体空间中，使大学生能够在新媒体环境中保持良好的道德风尚和行为习惯。所以说只有在现实道德教育的基础上，新媒体道德教育才能够有所发展，否则将成为无根基的道德教育，难以为大学生的成长和发展提供有力的支撑。另一方面，只有以现实道德教育为基础，新媒体道德教育才不至于走向现实道德教育的对立面。现实道德教育和新媒体道德教育并不是对立的关系，而是相辅相成、相互促进的关系。现实道德教育强调培养大学生的固定品德和行为模式，而新媒体道德教育则注重培养大学生在新媒体空间中的自主性和主体性。两者在教育目标、教育内容和教育方法上有所不同，但都是为了促进大学生全面发展和道德水平的提高。因此，只有在现实道德教育的基础上，新媒体道德教育才能够找到自己的定位和发展方向，避免走向现实道德教育的对立面，从而为大学生的成长和发展提供服务。

最后，新媒体道德教育拓展了传统道德教育的边界，创新了教育方法和手段，延伸了道德教育的影响范围，为道德教育的现代化注入了新的活力。其一，新媒体道德教育拓展了传统道德教育的边界。传统的现实道德教育主要通过高校进行，其教育范围和手段相对有限，然而，新媒体道德教育却能通过互联网、社交媒体等平台，将道德教育延伸到了虚拟世界中，拓展了道德教育的边界，使更多的人能够接受道德教育，促进了道德教育的普及和深入。其二，新媒体道德教育是现实道德教育的创新发展。新媒体道德教育充分利用了互联网、社交媒体等平台的优势，采用多样化、趣味化的教育内容和形式，吸引了更多大学生的关注和参与，提高了道德教育的吸引力和有效性。如通过制作道德教育微电影、发布道德教育短视频等方式，将道德教育融入大学生喜闻乐见的内容和形式中，使道德教育更加生动有趣，更容易被年轻人接受和理解。不过，为了确保新媒体道德教育能够充分发挥其积极作用，我们还是应当实现新媒体道德教育与现实道德教育的协调一致、相互补充，只有在这样的基础上，才能够有效地推动道德教育的全面发展，促进社会的道德进步。

二、建立新媒体环境下的立体道德教育模式

（一）教育合力与综合教育论

“所谓教育合力，就是在一定的时间内和一定的条件下，实施综合教育所产生的综合作用。这种综合作用，并不是综合教育中各个单项教育作用的加和，而是比单项教育作用大得多的新的教育力量。”①

“综合教育论”为我们深层次解读了怎样更好地利用和发挥教育合力，并为我们提供了宝贵的参考和启示。道德教育的综合结构其实指的是由特定的体系和元素构成的道德教育，它不仅具有特定的结构，还具有一定的运行机制，是可以最大限度地发挥教育功能的综合教育体系，它既包括了学校内各子系统间以及各个子系统与外界环境之间相互联系的关系，又包含了高校道德教育工作中各种因素及其相互作用的整体效应。综合教育体系并不是指教育体系和元素的任意组合，也不是教育活动的表面机械式的组合或者叠加，而是一种具有特定内在结构和运行机制的独特有机系统。从系统论角度分析，道德教育的综合结构包括主体结构和客体结构两个方面。道德教育的综合结构框架呈现出两个显著特点，具体如下：

① 郑永廷．思想政治教育方法论[M]．北京：高等教育出版社，1999．

首先，它的空间布局是和谐的，意味着道德教育的结构和元素都是合理且协同的，这有助于围绕教育的目标进行和谐的运作，并最大化其效果；其次，时间结构的有序性，在某种程度上意味着所有的教育活动均按照特定的方向和计划，分阶段、连续地指向教育的目标。

（二）高校、社会、家庭共同创设了教育环境

环境是塑造人格的关键因素，人们的思维与意识是对环境的反应，而人的道德与心态则是环境熏陶的最终结果。因此，研究道德教育环境及其构成要素，对于提高道德教育工作效果有重要意义。道德教育环境描述的是一个围绕教育对象并对其产生深远影响的实际情境。其中，社会、家庭以及社交等环境都是相互联系和相互制衡的，这些环境共同构建了完整的道德教育环境体系。道德教育环境系统中各因素之间相互影响、相互作用，构成一个有机整体。动态性、广泛性等均为道德教育环境系统的特征。众所周知，环境对人类施加了多种形式的环绕力，这样的力量可以引导人们形成一种与环境相适应的特质，并被这种环境所同化，进而塑造出独特的人格。环境是影响大学生成长与发展的重要因素之一。环境的吸引力主要体现在三个方面，具体为感染力、推动力以及约束力。

社会环境主要涵盖了社会、文化、风气等多个方面。就本质而言，社会主要是由经济基础以及上层建筑共同组成的，它具备了整合、传递信息等多重功能。社会文化代表了在社会进步中人类所累积的物质和精神的财富。社会意识则是人们对一定历史时期内各种社会关系及相互关系的反映，是一个民族或国家的精神面貌和道德准则。社会风气是一定时期内社会公众共同认可并遵守的一种思想意识状态或价值取向，也是社会的传统和习惯，它通过强大的社会舆论以及习惯势力，对人们的言论与行为进行有效渗透，并且对人们的思维和行为产生一系列的深远影响。同时，社会风气又通过各种传播媒介向公众传递，使之成为一定时期内社会公众普遍接受的一种思想观念或道德规范。高校在指导大学生尊重现有的政治和社会秩序、传播统治阶级的价值观、培养学生的情感和传递知识技能方面，起到了非常重要的作用。校园氛围是校园环境与教育内容及方法之间形成一种和谐融洽的心理状态，使之能够发挥出最大效益。高校环境主要涵盖了校风、学风、人际关系等核心要素，其中校园人际关系则是指师生之间相互接触所产生的心理联系及由此形成的各种社会关系的总和，它包括师生关系、同学关系等。家庭环境主要涵盖了家庭风气、家庭成员关系以及家庭的文化修养等。社交环境其实是指那些与关系密切、经常交往的朋友构成的社交场所，也就是同辈之间的所

谓“朋友圈”。“朋友圈”是一个特殊而又复杂的人际关系网络，同龄人中的“朋友圈”对个体的思维、道德和心态有着深远的影响。在这样的“朋友圈”里，人们在社会地位、兴趣和文化背景上都有相似之处，这很容易在潜移默化中产生“平行影响”。

（三）创建立体道德教育模式

1. 发挥高校道德教育的主渠道作用

首先，在新媒体的背景下，重新定位大学生的道德教育。在经济全球化背景下，信息传播技术飞速发展，人们获取信息的方式日益丰富多样，这给传统的教育模式带来了前所未有的挑战，尤其是对高校道德教育工作提出了更高要求。在我国，道德教育的实际效果并不理想，这是因为：过于重教而轻育，以及过分强调认知而忽视实践；道德教育目标的排列顺序出现错误，导致道德主体可能不会接受更高层次的道德观念，同时低层次也未能培养出社会公德与文明行为；高校道德教育工作方法简单粗暴，导致受教育者的道德感缺失或降低，过分重视集体活动而忽视个人修养，个体缺乏内在的道德自律和自觉性，这主要是因为忽视了大学生的道德主体性。传统教育方式下的道德教育，强调“灌输”与“说教”，忽视受教育者的主动性和积极性，使受教育者成为被动接受者。在新媒体的环境下，大学生的道德行为基本上处于任意的状态，其独立判断、选择和行为展现得十分充分，这进一步突显了他们在道德上的主体地位。新媒体环境下的社会生活方式改变着大学生的思想观念，使传统的道德观念发生转变。学校的道德教育应当与新媒体的传播特性相适应，并在充分尊重和信任大学生的基础上寻找新的道德教育方法。在社会主义核心价值观的正确指导下，高校一方面应该对培养大学生的正确价值观、道德判断能力和道德自制力给予重视，另一方面也要借助各种有效的方式和手段积极培养他们自主、理性和自律的道德判断和实践能力，以使他们形成全面、健康和强大的人格特质。

其次，对高校的道德教育内容进行了进一步的完善。随着网络技术的发展，新媒体已成为人们生活不可或缺的部分。新媒体不仅是道德教育的重要工具，同时也是道德教育的核心内容。在新媒体环境下对道德教育工作进行改革创新必须坚持与时俱进的精神，不断调整与充实道德教育内容。学校在进行道德教育时，应基于道德教育的目标来进一步完善道德教育的内容。高校在保持原有教学内容不变的前提下，更加强调价值观的教育，目的是帮助学生树立正确的社会主义核心价值观。高校通过加强道德意志的锻炼和道德选择的教育，可以使大学生的道德认知与道德实践保持高度的统一性。除此之外，高校还应该不断加强对大学生的新媒体信息素养教育，特别是在新媒体道德教育方面，目的是让大学生可以及时掌握和了解新媒体的道德行为规范，并加强他们在新媒体环境下的道德意识和责任感。

再次，利用新媒体手段来改进道德教育方法。新媒体以其丰富的资源为高校道德教育提供了便利条件。新媒体成为大学生更愿意利用的一种沟通与交流工具。学校利用新媒体开展道德教育工作有利于丰富高校道德教育工作内容。高校的道德教育工作人员除了能够利用多种方式同大学生进行交流，如微博、QQ 等，还能够创建道德教育网站等，从而在潜移默化中教育和影响大学生。另外，可以利用微信公众平台、微电影等方式加强道德教育，从而更好地发挥新媒体在道德教育工作中的作用。

2. 发挥社会道德教育的作用

首先，我们需要完善新媒体的立法机制，并进一步强化政府的管理职能。随着我国网络技术的发展和应用范围的扩大，新媒体逐渐成为人们生活中不可缺少的一部分，对我们国家的政治、经济、文化等各方面都产生了重大影响。相关政府部门要通过制订专门的法律法规来规范新媒体的发展，并建立相应的管理制度和运行机制，使其健康有序地成长。在构建新媒体环境的过程中，除了需要加快新媒体的立法进程和完善政府的各种管理职能之外，还应根据新媒体环境的新变化特性，重点解决法律执行中出现的各种操作性问题以及政府监督管理的针对性问题。因此，政府需要在以下几个方面加强努力：政府对虚拟社区，特别是网络论坛的管理，以及对其他论坛和主题聊天室的管理；增强对大型门户网站的监督和管理能力；在管理过程中，高度重视技术手段的灵活应用。在新媒体的背景下，传统的行政命令管理方式效果不佳。为了有效应对程序监管、跟踪程序等利用新媒体技术进行的各种违规行为，相关政府部门必须采用先进的技术手段，确保新媒体的管理既实用又易于操作。

其次，积极构建新媒体道德教育的社会支援和辅助体系。新媒体技术应用于教育领域后，传统的道德教育方式受到了冲击。在新媒体的背景下，道德教育除了正规社会教育机构的参与，还应该得到社区和公共服务机构的支持，彼此之间相互合作。“作为一个社会分支单位，社区特指一定地域范围内的具有归属感的人群及社会性活动和现象的总称。”① 随着都市化的步伐不断加快，社区的作用逐

① 韩丽丽. 走向网络社区 [J]. 社会，2002 (2)：36-38.

渐增强，社区正在变成大学生与社会互动和参与社会实践的主要场所，同时高校校园也逐渐转变为一个相对独立的“社区”。大学生参与社区是其自身发展需要，更是高校人才培养目标要求。大学生无论是参与社区的义务服务活动，还是社区的公益活动，均有助于培养他们关爱他人和服务社会的优秀品质，也能中和虚拟社交可能带来的道德和社会情感上的负面效应。同时，高校与社区服务机构建立合作关系可以提高社区服务效率。作为社会支持和辅助系统的一部分，社区还是面向社会的信息咨询机构和心理危机的求助机构。社区应加大对大学生因迷恋网络新媒体而带来的角色混乱、人际疏离、道德情感冷漠、网络依赖等心理问题的救助力度。

最后，强调对社会人文精神的重塑，并增强人文教育的实施力度。新媒体时代下，人与人之间交往关系发生了很大变化，社会道德规范体系的脆弱表现反映出的是一定程度上文化的缺失。人文素质较低也成为当前我国社会转型过程中一个不容忽视的重要问题。多年来，工具主义和科学至上主义的盛行，在某种程度上削弱了人文科学在塑造整个社会价值观方面的影响力。人文精神和人文科学的缺乏，除了不可避免地导致社会道德价值观的缺失之外，还会产生信仰的功利主义。因此，在新媒体的背景下，高校教育改革应该以人文素质培养为目标。新媒体环境下的道德教育观念必须重新唤起社会范围内对人文科学的关注，增加人文科学在道德教育中的比重，从而使大学生在人文科学方面的能力与水平得到全面提升。

3. 发挥家庭教育的作用

尽管新媒体的兴起为家庭在道德教育中发挥作用提供了有利条件，但家庭却往往是新媒体运用管理比较薄弱的地方，许多家长没有认识到利用新媒体开展道德教育的重要意义。因为有些家长在这一方面的知识不足，他们不能为大学生提供必要的指导，也无法借助新媒体与大学生进行有效的沟通，这直接导致了大学生和家长在新媒体沟通上遇到困难，造成了家庭教育出现“断层”现象。为了增强家庭利用新媒体对大学生的教育效果，并平衡家庭、学校与社会的教育资源，我们必须加大对家长新媒体知识的普及力度。因此，我们应该根据实际情况为家长提供关于新媒体的知识指导，以增强家长的认知与意识，并利用新媒体平台积极构建家长与学校之间的定期交流机制。同时，还要重视对大学生家长的培训，为他们提供丰富多样的信息资源，并引导其正确使用新媒体，让家长能够利用这些资源开展有效的家校沟通活动。

4. 发挥大学生自我教育的主体作用

首先，我们需要改变传统的思维方式，并充分尊重大学生在学习中的核心主体地位。教育的核心目标是培育大学生的自主决策能力，激发他们内在的潜能，使他们能够在当前对不可预知的未来环境作出合理、有意义的决策。作为新媒体的核心参与者，大学生的独特性主要是通过他们的独立性和主动性来展现的。因此，教育者应该摈弃传统的以教育者为中心、受教育者被动和服从的教育观念，而是应积极建立一个教育者与受教育者之间平等、自由的关系，并使两者之间形成一个互动和平等的良好关系。“教师与学生的关系的基本特点有两个。一是‘教师—学生’的单向关系，二是师生关系的居高临下的特性。”[①] 教育在这种传统的师生关系里似乎带有强制性。传统的学校道德教育方式已不适应现代社会发展的要求，必须进行创新。高校应该对新媒体的交互性和主体平等性特点进行灵活运用，不断加强教师和大学生之间的互动交流，建立双向甚至多向的师生交流关系，将过去被动的道德教育转变为大学生主动的道德学习，从而最终使道德教育的实效性得到整体、有效提升。

其次，要加强大学生在自我方面的主体意识。主体意识是个体自觉地按照社会或他人的要求而进行的一系列认知活动。自我意识其实是对自己存在的认识和理解，也是对自己认知行为与实际行动的理解与评价。培养大学生的主体意识需要教师有意识地引导，通过各种途径激发他们的自主性、能动性、创造性，让他们自觉地参与到社会生活中来。加强大学生在自我方面的意识，是利用新媒体进行教育的重要基础，大学生的自我意识的强弱，对他们在新媒体环境中的自知、自控和自我决策能力起到了决定作用，同时也影响着他们主体性的发展程度。因此，增强大学生的主体性意识也就是增强大学生的自我意识，从而实现培养“全面和谐”人才的目的。新媒体道德教育的核心目标应该是充分激发与有效提升大学生的自我意识，也就是说高校要加强对大学生的自我教育意识。在新媒体的道德教育中，高校的目标是让大学生明白他们不仅有权利，还有义务进行自我教育，并且高校鼓励他们勇敢地承担起自己的责任，对个人与社会、个体与集体，以及个体与他人之间的关系和结构有正确地理解与认识，认同他人的主体性，并确保这种主体性的发挥始终有助于增强集体的主体性，并持续促进社会进步。

---

① 檀传宝. 主体性德育：欣赏型德育模式论要[J]. 深圳教育学院学报（综合版），1999（1）：13—17.

再次，塑造大学生的主体人格。主体人格就是人在社会交往过程中因其特有的心理特征而形成的一种比较稳定的心理品质或倾向，它表现为主体对自己的思想、情感和行动等方面的态度，是人作为主体所拥有的思想道德、心理承受能力和行为习惯的综合体现。在新媒体活动的背景下，个体的人格稳定依赖于内在的自我意识和自我控制。因此，道德教育必须强调以自我约束为中心的新媒体伦理，指导大学生遵循新媒体的行为标准，确保他们遵循新媒体的道德准则，并在新媒体与现实生活的融合中增强他们的自律性。

最后，在道德教育过程中，高校要最大限度地激发大学生的主观能动性以及创造力，以促进平等的互动教育。网络技术给师生之间提供了更多沟通机会和平台，也使得教师成为大学生思想政治工作的主要力量之一。教师与学生之间关系的革新、教学过程的生动，可以使大学生更加轻松地学习，这也有助于激发他们的主观能动性与创造力，同时也促进教师自身素质的不断提升，从而加深其对新媒体应用能力的认识，实现师生之间的良性互动。大学生在新媒体的环境中有机会自由地表达自己的观点，还能够根据自己的实际需求选择与他人进行交流，从而使其受到重视与尊重。所以，高校应该对新媒体的优势进行充分利用，在教学过程中对大学生的主观能动性给予高度重视，确保大学生成为道德学习与选择的中心。

第四节 新媒体环境下高校道德教育方法、形式的创新

一、运用新媒体创新道德教育方法

（一）运用网络媒体创新道德教育方法

随着科学技术的发展，互联网已经成为新媒体重要组成部分。联合国新闻委员会在 1998 年正式宣布互联网为继报纸、广播和电视后的“第四大媒体平台”。网络媒体是利用现代信息技术和网络通信技术，通过计算机或其他通信设备进行信息发布、传递和接收的系统和方法。网络媒体具有开放性、交互性、及时性和个性化等特征，涵盖了网站、播客、网络广播等多种形式。网络媒体以其独特的

传播方式和强大的生命力，日益改变着人们的生活方式，也越来越多地被引入高校教育中。在重大新闻事件的传播过程中，网络媒体正在经历从“普通民众”到“主流”的角色转换。网络媒体对大学生在思维、道德和价值观上的影响是显著的，因此利用网络媒体为大学生提供道德教育是一种必然趋势。

首先，强化社会网站的建设，确保它成为对大学生教育的核心场所。社会网站因其强大的专业技术实力、丰富的信息内容和创新的形式，对大学生群体具有显著的吸引力。因此，要充分发挥社会网站在大学生思想政治教育中的作用，必须重视社会网站建设，并通过提高网站质量来实现这一目标。社会网站涵盖了新闻网站、社交网站等。其中，新闻网站是最主要的类型，在中国的互联网领域中占据了主导地位，涵盖了综合性新闻网站、各大门户网站的新闻频道以及传统媒体的网络版。新闻网站的发展具有以下特点：在问政和参政方面的强大能量；关注社会的弱势群体，其音频和视频的传播方式得到了飞速的进步等。在新闻网站中，新闻评论占据着重要位置，它通过提供各种形式的新闻报道来引导舆论走向，并以其特有的“观点表达”功能发挥着独特作用。社会网站逐渐演变为一个综合性的社交和媒体平台，其发展一方面可能改变人们的社交习惯，另一方面可能对新闻信息的生成和传播方式产生深远的影响。社会网站作为一种新的传媒手段和舆论载体，在为网民提供全新娱乐体验的同时，也带来了一系列问题：对国家安全构成威胁；对个人信息安全构成威胁；对社交媒体平台的健康发展产生负面影响；网络的虚拟性、匿名性和隐秘性为大学生创造了一个道德自我弱化的环境，这直接导致了对大学生社会化的阻碍和潜在的道德滑坡等社会问题。这些都需要我们从理论上加以认识与解决，并在实践层面加以改进。为了加强社会网站的建设，我们应该从以下几个关键方面入手：

第一，加强社会网站在社会责任意识，以推广社会主流价值观与文化。目前，我国互联网发展迅速，但也存在着不少问题，其中最重要的就是网络信息良莠不齐。除了由国家与地方政府运营的官方网站之外，大部分的专业网站都是自负盈亏的企业，它们将追求经济效益作为一个重要的目标，这也直接使网站内充斥各种不健康的内容、虚假广告。同时，一些专业性很强的社会网站，也存在着对社会责任不够重视的现象。所以，我们有必要加强并重申社会网站的社会责任意识，并倡导社会主流价值观与文化。由于网站作为一种传媒工具，具有传递文化和价值观的功能，因此社会网站只有在弘扬社会主流价值观与文化的同时，将社会主义核心价值观作为正确导向，社会网站的内容才能变得更加健康和积极。

第二，国家的主流媒体和网络媒体应当适度合作，以恰当的方式在社会网站和论坛上展示国家大力推崇的内容。此处涵盖了两个不同层次的主题。其中一个是官方新闻发布平台应该加强与互联网的沟通和互动，让官方网站成为一个典范，并对其他社交网站起到示范和推动的作用。另一个是门户网站也要加强自身建设，提高新闻质量和信息传播能力，同时国家的主流媒体同网络媒体进行合作。

第三，强化对社会网站和论坛的舆论导向，培育具有先进思想和较高理论水平的“意见领袖”，将他们在网络舆论环境中的导向作用充分发挥出来，同时要重视和利用民间力量，使其参与到网络舆论建设中来，充分发挥他们的建设性作用。从 20 世纪 90 年代末期开始，网络论坛逐渐崭露头角，成为普通民众相互交流的一个全新平台，并与传统舆论形成了鲜明的对比。网络论坛作为一种新兴的媒介形式，为民意表达提供了一个全新而广阔的空间。网络论坛为网民提供了一定的话语权，这在保护公民的言论自由和加强舆论监督上起到了积极的推动作用，同时网络论坛也是网民进行自我展示、发表观点和参与讨论的重要渠道。然而，从另一个角度看，网络论坛中的匿名的、随意的和无序的过度发言导致了众多问题的产生，其中部分不负责任的发帖和跟帖等违法或违背道德的言论，产生了负面的社会效应。这就要求我们必须从思想层面出发，重视对网络论坛舆论的正确引导。因此，政府相关部门应该加大对社会网站和论坛舆论的引导力度，通过对网站管理人员培训的方式，提高他们的政治与文化素养，并且培养出政治觉悟高、理论知识深厚的“舆论领袖”，通过邀请专家或者学者到论坛做客等方式来正确地引导舆论。

其次，我们需要加大对高校校园网络的建设力度，以充分发挥其在道德教育方面的作用。为了有效提升高校在网络道德建设方面的质量和成效，必须遵循“以建设为核心”的原则，并对校园网络系统进行全面优化。高校创建道德教育专题网站和道德教育论坛，并积极构建在线道德教育交流平台。充分发挥大学生社团在开展道德教育工作中的作用，能在高校的学工部或团委网站上“挂上”道德教育网站，或者独立创建一个专题网站。根据工作的实际需求，还能够创建科学发展观网站和创先争优网站等专题网站，通过这些网络平台对道德教育内容进行宣传与引导，使之成为师生了解党的基本知识、学习先进文化、践行科学理论的重要阵地。现今，学校的道德教育网站面临的挑战是其内容和形式都显得较为单调，对大学生的吸引力相对较低。因此，应该加强道德教育网站建设，在坚守社会主义核心价值观的基础上，应该使教育内容更加丰富、形象和数字化，从而提高网站的吸引力，并最大化道德教育网站对大学生的教育作用和价值。除此之外，高校还需要加大对校园网络的管理力度，以最大限度地减少教师和大学生与负面信息的交互。建立完善的管理规章制度，保证校园网络管理正常进行。高校应该优化和完善校园网络的管理体系，确保网络管理有明确的规章制度，明确各方的责任，并不定期进行检查和监督，同时实施必要的奖励和惩罚措施。确保信息的顺利进出和传播，为健康信息提供更方便的渠道，并最大限度地减少负面信息在校园网络中的传播。

最后，高校应该创建道德教育博客和微博，充分利用和发挥它们的教育作用。网络技术与传统媒介相比具有独特优势，它能够弥补传统媒体存在的诸多不足，博客和微博在传统传播理论上的突破主要体现在以下几点：一是传统的“把关人”在这两个平台上的缺失。博客的匿名性、互动性和平等性使人们能够在网络上自由发布信息。因此，人们不仅是信息的接收者，同时也是信息的发布者。这一变化改变了传统大众传媒组织独有的信息把关特权，在传统传播环境下由少数传播组织控制把关权的状况逐渐被博客“把关人”颠覆。这种情况使受众与传播者之间形成一种平等互动的新型传播模式。二是博客和微博都强调了议程设置功能的非权利化。由于博客与微博都具有很强的平民化特征，因而其议程设置的作用也呈现出非权利性特征。大众传媒在制定议程时，受到了政治、经济以及意识形态的多重影响，因此带有明显的权力倾向。博客中的议程设置功能与传统媒体有所不同，它最大限度地减少了议程设置中的权力成分，更多地突出了其非权威性的特点。三是博客和微博正在从“沉默的螺旋”中“挣脱”出来。博客作为新媒体技术下出现的产物之一，其影响力远超出传统媒体。博客的出现就某种程度来说将传统媒体的统治地位打破，使大众获得了更广泛的话语权。微博突破了传统媒体的单向度传播方式，受众通过微博与传统媒体互动交流，并借助微博对自己感兴趣的话题进行讨论，这种互动性使微博成为一个重要的互动交流公共平台。博客具有一定的匿名性，它有助于减少从众现象的出现，博客的个体性以及平等性有助于避免行为的趋同化，博客的进步性则体现了公开表达个人观点的愿望。在舆论形成的过程中，那些被传统媒体所忽视的议题，均能够在博客中得到广泛的传播。

博客和微博在某种程度上打破了“沉默的螺旋”模式，是一种新的传播方式。高校可以利用博客和微博平台来进行道德教育，使传统的道德教育方式与网络新技术结合起来。博客和微博已经变成了大学生非常喜欢的沟通方式，同时也为学校道德教育工作提供了新载体，开辟出一个崭新的空间。随着时代的变迁，如今在众多高校中，德育博客已经成为道德教育活动的重要辅助与连接纽带。为了更好地发挥德育博客在道德教育中的作用，我们应该从以下几个方面入手：

第一，妥善平衡与处理好四组关系。一是德育博客和高校道德教育工作，充分发挥德育博客在学校道德教育工作中的作用，提高大学生参与管理的积极性，发挥教师指导育人的功能。在运用中要注意道德教育内容的广泛性、互动性、个性化以及信息传播的时效性等方面问题。二是德育博客与其他网络平台工具的关系，确保德育博客具有随机性、隐秘性、导读性和启示性。同时，加强对大学生使用网络的教育指导，提高其媒介素养，增强其法律意识，培养其健康文明上网的行为方式。三是德育博客引导与思想政治教育网下处理的关系，确保了新媒体道德教育与实际道德教育的完美融合。四是德育博客建设的主体与访问者的关系，做到主体与访问者之间的平等、友好交流。

第二，确保三个比例得到恰当的掌握。一是内容建设中原创文章和转载文章的比重。德育博客主要以原创内容为核心，适时转载具有价值的高质量文章。二是在宣传推广活动中，走出去和引进来的比重。德育博客要充分利用国际互联网开展教育教学及对外宣传工作，同时还可以邀请外国学者举办讲座或演讲等活动。德育博客的建设主体可以频繁地访问空间，学习“走出去”与“引进来”。三是在互动交流过程中，答疑和设问的比重。德育博客不仅要关注解答疑问，还可以根据实际情况适时提出疑问，鼓励大学生加入讨论。

第三，对德育博客的未来发展方向和趋势进行精准把握。一是加强大学生德育博客的建设，确保德育博客的发展可以和校园文化形成十分紧密的联系。这需要高校领导和教师共同努力，充分发挥网络道德教育阵地作用。简单来说就是，不仅需要通过新媒体将先进的大学文化传达给大学生，同时也要通过构建新媒体文化来促进大学文化的繁荣。二是需要扩大建设的主体范围，确保它成为高校工作的焦点。加强对教师和大学生进行网络道德教育和实践锻炼。鼓励高校的教师以及学生积极参与到德育博客的建设过程中。要在坚持以马克思主义为指导的前提下，结合高校实际，不断探索新形式，创造新路子。三是创建高质量的德育博客，以使大学生德育博客教育的实效性得到有效提升。高校专门邀请道德教育和理论领域的专家，推出“名师博客”和“学者博客”等德育博客，旨在使大学生德育博客的深度以及吸引力得到持续提升。

（二）运用手机媒体创新道德教育方法

数字化是手机媒体的核心特点，其最显著的优点在于便于携带与灵活操作。在移动互联网时代，手机媒体已经成为人们获取信息、交流互动、娱乐休闲的重要工具。作为网络媒体的延伸，手机媒体拥有高度的交互性、快速的信息获取、迅速的传播和更新能力，这些独特的属性让手机媒体逐渐渗透到我们日常生活的每一个角落，对人类的信息传递方式产生了一系列的影响。在移动互联网时代人们对信息需求越来越多样化，手机媒体成为获取信息的重要渠道之一。

首先，手机媒介技术为我们构建了一种全新的社会生活方式，这些影响主要体现在时空、社交等多个方面。在手机媒介技术的影响下产生了一种新的社会文化形态，具体表现在手机媒介改变了人们传统的价值取向和行为模式，形成一种以手机为载体的新型消费文化。一是在手机媒介传播的时代背景下，时间观念呈现为手机媒介导致的时间碎片化现象，这进一步增强了人们对时间的担忧和焦虑。手机作为一个信息传播媒介，它具有即时性、交互性和个性化特点，这也导致手机的“短效”特性越来越明显，从而引发人们的心理紧张和不安。二是关于手机媒介构建的空间观念，这主要体现在公共和私人空间在手机内的衔接。手机使人们摆脱时空界限的限制，进入一个可以自由支配和自由表达的网络空间。工作空间属于公共空间的一类，而手机的普及使得这种公共和私人空间在工作环境中产生了交叉和重叠。三是手机所创造的虚拟空间——手机社区。在这个虚拟空间中，主体能够隐藏自己的真实身份，相较于真实的生活主体也更容易敞开自我，并能和他人进行纯粹的精神交流。手机网络使个体可以通过手机来表达自己对世界和他人的认识，并以虚拟的方式进行人际互动，从而形成一种新型的人际关系模式。四是在手机媒介传播的时代背景下，我们可以观察到手机媒介不仅拓宽了社会交往的范围，还提升了交往方式的多样性，但同时也削弱了交往的深度，展现出一种更为平面化、仪式化和快餐化的趋势。在中国的社会公共领域，手机媒体的应用主要表现为：提供一个开放的话语交流平台，以实现民意的有效沟通；建立良好的传播形象；搭建一个快速传递公共信息的通道，以促进公共事务的有效管理。

其次，作为一种传媒工具，手机所传递的大众文化以媒介文化为主，这是大众文化的一个子文化形态，而在手机的传播过程中，也孕育出了一种特定的媒介文化形态。手机媒介文化是由手机终端所提供的信息和服务构成的具有大众性与通俗性特点的文化形态，它包括手机媒介文化、手机媒介艺术和手机媒介审美等。手机文化产品的开发遵循了多元化、实时性和互动性的原则。手机媒介文化具有五个主要特点，具体如下：情感体验的娱乐化、大众参与的普适化、自我表达的个性化、文化风格的时尚化以及精神消费的快餐化。手机媒介是一把双刃剑。手机媒体和手机文化的独特性，对大学生的思想和道德观念产生了显著的影响。在高校中开展手机文化教育具有可行性和必要性。因此，要充分发挥手机媒体在大学生道德教育中的积极作用。考虑到手机媒体的独特性，创新的道德教育方法主要包括以下几个方面：

一是通过手机短信等多种方式，对大学生进行互动、平等的参与式道德教育。传统的道德教育成效不佳的一个主要原因是，教育过程主要依赖于教师的口头讲授，教师对大学生持有一种“居高临下”的态度，导致大学生的参与度相对较低。因此，要改变这种状况，必须让大学生主动参与到教育中来。通过使用手机短信平台，师生双方可以进行双向或多向的互动交流，同时能够按照大学生的具体情况进行有针对性的交流，这有助于提升大学生在道德教育过程中的参与度，构建平等的教育关系，从而使教育的针对性与实效性得到整体提升。

二是积极开发德育手机报平台，对大学生进行社会主义核心价值体系的教育，从而将社会主义核心价值观巧妙融入教学之中。高校在开展教育的过程当中，如何确保社会主义核心价值体系的内容能够深入人心、触动人的心灵，成为教育过程中的重难点？手机报是一种新兴媒体，它具有传播迅速、成本低、互动性强等优点，利用手机报的特定发送和无条件接收特点，高校能够创建一个专门针对道德教育的手机报平台，或者将其与普通手机报相结合，添加道德教育相关的内容信息。同时，高校也应注重对社会主义核心价值体系的内容进行形象化、具体化和数字化的呈现，这样可以在潜移默化中让社会主义核心价值体系的内容进入大学生的视野和大脑中。

三是利用手机短信的群发功能，为学生提供更多服务，如学术、就业等方面的指导服务。高校可以利用手机短信的内容丰富灵活的特点，开展丰富多彩的校园文化活动，提高大学生道德教育工作水平。手机短信群发功能为大学生提供了一个极佳的服务平台。利用这一功能，大学生可以通过短信的方式了解选课详情、招聘单位等重要信息，确保能够及时获得所需信息，为未来的学习和工作做好充分的准备。

二、运用新媒体改进道德教育的形式

（一）自主性道德教育

自主性道德教育不仅是一种确认道德教育主体在道德方面具有相对独立性和权益的教育方式，也是肯定道德教育主体内在道德需求的教育方式，更是体现人的生活价值和生命意义的道德教育。自主性道德教育是个体在生活中自主选择自己人生目标、人生道路和自我发展方式等方面进行自我实现的活动过程。作为高校教育方法之一，自主性道德教育的主要特点是教育者和受教育者的自主性，这种教育方式必须坚守自由性、理性和价值性的教育原则。自主性道德是一种独立于他者而存在的道德，它以自己独特的方式表现出来。自主性道德教育的核心理念是持续地尊重教育者与受教育者的双重人格。自主性道德教育强调在高校中培养大学生自主意识、独立能力及自我完善能力，这正是自主性道德教育和传统道德教育之间的主要差异。

第一，在新媒体的环境中，自主性的道德教育成为一个十分迫切的需求。随着新媒体时代的到来，人们的思想更加开放，思维方式更加活跃，新媒体为实施自主性道德教育提供了良好契机。在现代科技的推动下，当代社会经历了明显的变革，尤其是基于新媒体和其他现代科技手段的信息技术取得了极大的发展。这使得国际化社会的观念变得越来越普及与日常化，国家与国家之间的信息交流变得更为简洁与迅速，多元化的社会对人们个性和素质的要求也变得更为明确和深入。人们可以自由地选择自己所需要的内容和方式来满足自身的生活与发展需要。所以，在现代社会中人们的个性发展得到了丰富的环境和空间的大力支持。个体通过学习掌握各种知识技能来满足自身的生存和生活需求，这种能力就是人的自主性，它决定着一个国家、民族的未来发展水平和竞争力。从另一个角度来看，现代社会对于个体的个性化需求逐渐提升。在此背景下，以自主性教育理论为指导，探讨大学生社会化过程中个体与群体关系的问题显得尤为重要。人的自主性，作为其独特的个性特质，无疑也是社会与个体发展所追求的终极目标。同时，现代社会还赋予了大学生更多自由选择生活方式、自主决定人生方向的权利。新媒体所带来的国际化和去中心化的交互特性，使人们在相互沟通和交流的过程中完全跨越了国界，甚至时空。基于此，高校应该重点培养大学生的社会历史人格，帮助他们从孤立的个体转变为有礼貌的集体，并从一个孤立的自我进化为一个高尚、友情和互助的集体，所有这些都是建立在人的自主性之上的。由于社会对教育的特定需求，教育系统需要作出相应的改革与响应，这也催生了社会对于自主性道德教育的强烈需求。除此之外，新媒体技术为自主性道德教育创造了机会与条件。新媒体所具备的开放性、交互性等为自主性道德教育提供了宝贵的机会和良好的环境。新媒体的开放性为自主性道德教育提供了一个融合了全球各国和各民族文化价值观的空间，其中包含了大量的信息资源，这不仅为高校与教师提供了一个自主选择信息的重要平台，大学生也在自由选择的过程中使个性得到进一步发展；新媒体带来的交互性为教师和大学生提供了在线实时沟通的机会，这有助于他们之间的交流和深入理解，同时也增强师生之间的沟通与合作能力，有利